大 国 安 居
——我国土地与房地产市场调控政策
DAGUO ANJU
——WOGUO TUDI YU FANGDICHAN SHICHANG TIAOKONG ZHENGCE

王建武 著

东北林业大学出版社
Northeast Forestry University Press
·哈尔滨·

版权专有　侵权必究
举报电话：0451-82113295

图书在版编目（CIP）数据

大国安居：我国土地与房地产市场调控政策／王建武著．—哈尔滨：东北林业大学出版社，2016.12（2024.1重印）

ISBN 978-7-5674-0987-3

Ⅰ．①大… Ⅱ．①王… Ⅲ．①土地市场—研究—中国 ②房地产市场—研究—中国 Ⅳ．①F321.1 ②F299.233.5

中国版本图书馆 CIP 数据核字（2017）第 015612 号

责任编辑：赵　侠　任兴华
封面设计：宗彦辉
出版发行：东北林业大学出版社
　　　　　（哈尔滨市香坊区哈平六道街 6 号　邮编：150040）
印　　装：三河市天润建兴印务有限公司
开　　本：710 mm×1 000 mm　1/16
印　　张：12.5
字　　数：170 千字
版　　次：2017 年 9 月第 1 版
印　　次：2024 年 1 月第 2 次印刷
定　　价：58.80 元

如发现印装质量问题，请与出版社联系调换。（电话：0451-82113296　82191620）

目　录

第一章　我国土地市场概述 ………………………………… 1

　　第一节　我国土地市场建设的历史和现状 ……………… 1

　　第二节　当前土地市场建设中存在的问题 ……………… 6

　　第三节　完善我国土地市场发育走向分析 ……………… 8

第二章　我国建设用地供需平衡研究 ……………………… 10

　　第一节　引言 ………………………………………………… 10

　　第二节　文献综述 …………………………………………… 11

　　第三节　我国人均合理建设用地规模测算 ……………… 16

　　第四节　建设用地供应规模测算 ………………………… 23

　　第五节　我国建设用地供需总量平衡政策建议 ……… 25

第三章　我国土地和房地产市场政策环境分析 ………… 31

　　第一节　要全面推进农村集体土地确权颁证工作，开展农村

　　　　　　土地承包经营权登记试点 …………………… 32

第二节　加强耕地保护，维护农民权益，完善农村集体土地
　　　　征收补偿制度 ································· 40
第三节　坚持搞好房地产市场调控不动摇，遏制房价过快
　　　　上涨势头 ····································· 43

第四章　我国房地产用地剖析 ································· 50
第一节　历史回顾与总结 ································· 50
第二节　改革完善城镇住房用地政策的基本原则和政策目标 ······ 58
第三节　建立我国房地产用地的具体手段 ··················· 61
第四节　我国房地产用地未来走势分析 ····················· 65

第五章　当前房地产市场判断 ································· 69
第一节　我国房地产市场现状 ····························· 69
第二节　当前和未来一段时期我国房地产市场面临的主要问题 ······ 71

第六章　货币宽松政策对房地产市场的影响 ····················· 73
第一节　我国广义货币(M2)发行量现状 ····················· 74
第二节　土地资本化已成为吸收超发货币(M2)的主要渠道 ······· 76
第三节　货币宽松政策下房地产市场走势 ··················· 77

第七章　我国城市房地产发育——城市综合容积率研究 ············ 80
第一节　研究意义 ······································· 80

第二节　国内外研究综述 ……………………………………… 81

　　第三节　实证研究 ………………………………………………… 85

第八章　新型城镇化背景下房地产市场分析 ………………… 98

　　第一节　新型城镇化的必然性和主要特点 …………………… 98

　　第二节　新型城镇化对土地管理及调控政策的挑战 ………… 100

　　第三节　新型城镇化背景下房地产市场的创新和选择 ……… 103

第九章　国内外保障住房市场比较分析 ……………………… 106

　　第一节　相关国家住房体系现状 ……………………………… 107

　　第二节　相关国家住房供应和保障特征 ……………………… 116

　　第三节　我国保障房市场分析 ………………………………… 119

第十章　中国房地产市场需要主动做空机制来对冲风险 ……… 122

　　第一节　我国住宅商品房市场存在过热现象 ………………… 123

　　第二节　做空中国住宅商品房,防范更大房地产泡沫 ……… 124

　　第三节　建立中国住房市场做空机制的具体措施 …………… 125

第十一章　以"五大发展理念"引领国土工作,推进供给侧结构改革 …… 127

　　第一节　供给侧改革内涵 ……………………………………… 127

　　第二节　以"创新发展"为推动力,着力培育供给新兴产业 …… 130

第三节 以"协调发展"为突破口,有效构建多维度发展

供给体系……………………………………………… 132

第四节 以"绿色发展"为新领域,实现可持续的资源供给………… 133

第五节 以"开放发展"为新格局,提升参与经济全球化的

供给能力……………………………………………… 135

第六节 以"共享发展"为新导向,着力提升公共服务

供给水平……………………………………………… 137

第十二章 有关国家和地区土地租赁到期后的处理办法………… 141

第一节 英国………………………………………………… 141

第二节 中国香港…………………………………………… 144

第三节 芬兰………………………………………………… 146

第四节 瑞典………………………………………………… 147

第五节 国外土地到期续期总结…………………………… 148

第十三章 其他国家和地区房地产税收情况……………………… 151

第一节 房地产税是地方政府税收和财政收入主要的稳定

收入来源……………………………………………… 151

第二节 市场经济国家房地产税以保有环节税收为主………… 152

第三节 税率的设定………………………………………… 153

第四节 税基………………………………………………… 154

第五节 不动产登记机构…………………………………… 156

第六节　房地产税收制度的实施 …………………………… 158

第十四章　相关国家和地区公示地价情况及应用 …………… 160
　　第一节　公示地价是地价管理和不动产课税的核心基础 …… 160
　　第二节　国外和周边地区公示地价及在征税中的应用 ……… 161

第十五章　完善我国房地产市场金融政策 …………………… 165
　　第一节　我国房地产税收政策 ……………………………… 165
　　第二节　金融配套支持政策 ………………………………… 174

参考文献 ……………………………………………………… 188

第一章

我国土地市场概述

第一节 我国土地市场建设的历史和现状

20世纪80年代初,以深圳为代表的特区开始了土地有偿使用的实践,我国土地市场的形成起源于此。

一、土地一级市场

(一)初步建设阶段(1988~1992年)

在深圳试点土地有偿使用之前,《中华人民共和国宪法》(以下简称《宪法》)对城市土地的使用和流转一直严格限制。因此,要全面实现城市土地有偿使用,必须修改《宪法》。1988年4月,全国人民代表大会对《宪法》进行了修改,删除了土地不得出租的内容,将第十条第四款修改为:"任何组织或个人不得侵占、买卖或者以其他形式非法转让土地。土地的使用权可以依照法律的规定转让。"这是国家首次在法律中承认土地使用权的商品属性,同年,全国人民代表大会常务委员会根据《宪法》修正案对《中华人民共和国土地管理法》(以下简称《土地管理法》)也进行了第一次修改,提出国有土地和集体所有的土地使用权可以依法转让,并规定国家依法实行国有土地有偿使用制度。自此,原本无偿、无限期、无流动的土地使用制度被有偿、有限期、有流动的新型土地使用制度所替代,国有土地使用权与所有权相分离,土地可以作为商品在土地市场中交易。1990年5月国务院发布了《中华人民共和国城镇国有土地使用权出让和转让暂行条例》(以下简称《暂行条例》),明确规定土地使用权出让可以采用协议、招标和拍卖三种方式。《宪法》《土地管理法》的修改和《暂行条例》的颁布实施,在法律法规层面恢复了中国国有土地资产商品属性的同时,也标志着土地管理开始步入了商品化的轨道。

(二)制度夯实阶段(1992～2001年)

随着1994年中央决定全面建立社会主义市场经济体制,土地市场也进入了基本制度建设阶段。1994年《中华人民共和国城市房地产管理法》颁布,首次从法律层面明确了划拨和出让供地的范围,除国家机关和军事用地,城市基础设施用地和公益事业用地,国家重点扶持的能源、交通、水利等项目用地可以采用划拨方式供应外,其他国有土地必须以出让等有偿方式供应,并具体明确了国有土地使用权出让,地价评估、公布和土地市场交易制度。1998年修订的《土地管理法》进一步明确强调:土地使用权可以依法转让,国家依法实行国有土地有偿使用制度,建设单位使用国有土地应当以出让等有偿方式取得。2000年年初,国土资源部颁布了《关于建立土地有形市场促进土地使用权规范交易的通知》（国土资发〔2000〕11号），通知要求各级国土管理部门积极培育和规范土地交易有形市场建设。这一阶段主要为土地市场的形成和发展提供了充分、具体的法律依据，但在实际交易操作中，大量的建设用地仍然实行划拨供地。因此，土地市场处于初步阶段。2001年4月，国务院发出《关于加强土地资产管理的通知》（国发〔2001〕15号），有针对性地从严格控制建设用地供应总量、严格实行国有土地有偿使用制度、大力推行招标拍卖、加强土地使用权转让管理、加强地价管理和规范土地审批的行政行为六个方面，提出了具体的要求，更为重要的是，该文件第一次明确具体地提出了国有土地招标拍卖的范围和界限，对经营性用地协议出让亮起了"红灯"，是国有土地实行市场配置的指导性政策，也是经营性土地由非市场配置向市场配置转变的"分水岭"。

（三）快速建设阶段（2001~2009年）

近十年里，土地市场建设快速发展，相关法律法规和部门规章制度不断健全完善，主要内容包括国务院先后下发的《国务院关于加强国有土地资产管理的通知》《国务院关于深化改革严格土地管理的决定》《国务院关于加强土地调控有关问题的通知》和《国务院关于促进节约集约用地的通知》等一系列重要文件；国土资源部也先后下发了《划拨用地目录》《招标拍卖挂牌出让国有土地使用权规定》《协议出让国有土地使用权规定》《招标拍卖挂牌出让国有土地使用权规范》《协议出让国有土地使用权规范》《全国工业用地出让最低价标准》和《招标拍卖挂牌出让国有建设用地使用权规定》等一系列规章政策进行配套。这些法规政策严格控制划拨供地范围、规范协议出让行为，有力地推进了土地市场化进程。值得关注的是，2003~2004年，国务院部署开展了全国性的土地市场秩序治理整顿，其间尤以"8·31大限"最为引人关注，被舆论认为是中国"地产界的土地革命"。至此，经营性用地"招""拍""挂"出让制度开始快速推广落实。

(四) 房地产市场调控阶段 (2009~2012年)

亚洲金融危机以后，为了抑制可能出现的经济"过热"问题，保证国民经济平稳、健康和较快发展，党中央、国务院出台了一系列宏观调控政策，并赋予国土资源管理部门参与宏观调控的重要职能，采取"严管土地、看紧信贷"的宏观调控政策，把"地根"上升为与"银根"并列的调控手段，先后下发了《国务院关于深化改革严格土地管理的决定》（国发〔2004〕28号）、《国务院关于加强土地调控有关问题的通知》（国发〔2006〕31号）、《国务院关于促进节约集约用地的通知》（国发〔2008〕3号）等一系列重要文件，使土地政策登上参与宏观调控的历史舞台。2005年之后，为抑制房价过快上涨，发挥土地政策稳定房价的作用，包括土地政策开始积极参与房地产市场调控。2010~2011年，国务院先后下发了《国务院办公厅关于促进房地产市场平稳健康发展的通知》（国办发〔2010〕4号）、《国务院关于坚决遏制部分城市房价过快上涨的通知》（国发〔2010〕10号）、《国务院办公厅关于进一步做好房地产市场调控工作有关问题的通知》（国办发〔2011〕1号），其间，国家发展和改革委员会、国土资源部、财政部、住房和城乡建设部等国务院相关部委出台一系列房地产领域的调控措施，限购、限价、限贷等行政性、指令性调控措施纷纷出台，受其影响，土地一级市场的供应量、供应方式、供应价格、供应结构，以及开发利用政策都有所调整，以住宅用地为主的房地产用地供应及供后开发利用管理等方面的政策开始逐渐规范和细化。

二、土地二级市场

土地二级市场,主要是土地使用权的转让、出租、抵押等交易市场,它是一级市场的延续,既反映一级市场的需求状况,又反映房地产市场的供求状况。二级市场中土地使用权在土地经营者或使用者之间横向流动,实现市场经济下生产要素的优化配置。在实际工作中遇到的具体情况,就是出让土地再转让、再流转。

土地市场建立以来,一级市场得到迅速发展,而二级市场仍处于相对迟缓和滞后的状态。随着经济发展方式的转变,土地二级市场的土地需求日益强烈,交易日益活跃。城市土地二级市场是构成土地市场体系的重要组成部分,也是判断土地市场发育程度的重要标志。而在现有土地市场政策体系中,相关法律法规则较少涉及,按照2007年修正后的《中华人民共和国城市房地产管理法》,出让土地转让的条件限定为"取得国有建设用地使用权证","按照出让合同约定进行投资开发,属于房屋建设工程的,完成开发投资总额的百分之二十五以上,属于成片开发土地的,形成工业用地或者其他建设用地条件"。在相关部门配套管理政策中,多沿用以上表述。

现阶段土地二级市场的主要特征表现为以下几个方面。

（一）市场交易主体多元化

土地一级市场只能由政府垄断经营权,而土地二级市场交易主体是多种经济成分的经营者,既可以是各类房地产开发公司,也可以是各类经济组织或个人。

（二）交易形式多样

土地使用权取得的途径有不同类型,如划拨出让、租赁和作价出资（入股）等。土地使用权再转移的形式可以多样化,如转让、交换、出租、抵押、股权收购等，随着土地产权的细分，土地使用权还可以派生出多种形式的地权交易。

（三）价格波动性较大

与土地一级市场相比较，土地二级市场的开发性和竞争性要强得多。其价格也由市场形成，容易受供求关系等因素的影响，出现较大的波动性。特别是在市场机制不健全的条件下，容易出现价格失衡、私下交易、土地投机等现象。

第二节　当前土地市场建设中存在的问题

随着近年来土地市场建设的快速推进，国有土地使用权市场配置范围不断扩大，市场配置土地资源的基础性作用得以初步发挥，但现有土地市场管理制度和法律框架与经济社会快速发展还存在不相适应的地方，具体表现为以下几个方面。

一、土地一级市场高度垄断扭曲价格形成机制

现阶段，在土地一级交易市场，法律法规严格限定客体的选择范围。所有入市土地必须为国有建设用地，集体土地转为可流转建设用地时必须经征用收归国有，然后再通过既定市场方式将之配置给土地使用者，进入土地一级市场；而农村土地市场仅限于农用地的流转（承包、转包），农村与城市土地市场被分割，进而造成国家对土地一级市场的垄断现象。由于原土地所有者和使用者不能参与土地市场的交易，不能

参与分配土地在城市市场所产生的增值收益，所获土地补偿也低于农用地在城市被作为建设用地后的土地价值；地方政府通过土地征用获得大量预算外收入，形成"土地财政"，助长了地方政府对土地转让收入及土地相关融资的过度依赖，也导致土地储备制度功能异化；土地价格双轨制的价格差造成土地市场的"价格双轨制"，扭曲了市场对价格形成的作用，也容易间接造成城市"摊大饼"式粗放扩张，加大农用地流失率。

二、土地二级市场法律法规建设步伐迟缓

土地二级市场法律法规建设步伐迟缓，主要表现在两个方面。一是交易制度不配套。城市土地二级市场由于具有交易主体多元性和交易方式多样性的特点，使得对交易制度的需求更甚于城市土地一级市场。现阶段，对于土地出让及形成相关产权关系保护方面的法律法规较为健全，对于存量建设用地流转政策则相对缺位。二是土地收益制度不合理。土地二级市场主要的收益形式有土地转让、出租与入股等，收益主体主要为土地使用者，收益形式因土地二级市场流转方式的不同而存在差异，与交易方式密切相关。经过几轮财税制度改革，新《土地管理法》实施后，地方政府成为存量土地所有权的受益者，主要通过税收、收费等形式间接参与收益分配。但当前，土地二级市场交易收益分配结构不合理，导致其经济调控功能难以发挥。就土地税收而言，在土地流转环节中，总体赋税水平相当于收入的22%左右，相对偏重；在保有环节中，税种则较少。流转环节过高的成本，使经营者在土地流转中获利甚少，大量存量土地很难进入市场，相反还刺激了土地隐形市场交易，造成国有土地资产的大量流失，如存量划拨土地直接入市出租、出租或转让国有土地使用权、以各种实物的形式收到地租或土地转让费等，不符合土地要素合理流转和优化配置的要求。

此外，土地市场交易形成的产权关系保护法律制度建设方面也存在缺陷，如由于土地登记法律制度不统一，分散多头登记不仅影响政府在公平土地市场中的公信力，还易造成土地权属纠纷，我国每年土地权属纠纷量都在 5 万件左右。

第三节　完善我国土地市场发育走向分析

一、逐步试行集体建设用地有偿使用制度，统一城乡建设用地市场

在土地利用总体规划确定的城镇建设用地范围外，对于历史上形成的符合建设用地规划的存量集体建设用地，建议在土地使用者向村组集体、县市政府缴纳一定比例的土地增值收益后，比照国有建设用地使用权出让的方式、年期、价格等进入市场交易，建立与国有土地转让市场、出租市场和抵押市场融为一体的集体建设用地转让市场、出租市场和抵押市场。在完善税制的同时，还应尝试对农民集体建设用地进行其他经营性开发。在《中华人民共和国物权法》（以下简称《物权法》）规定的集体建设用地使用权下，进一步将集体建设用地使用权细分为集体划拨建设用地使用权、集体出让建设用地使用权和集体出租建设用地使用权，允许和规范集体建设用地入市流转，农民集体所有土地转化用途时应该同城市土地"同地、同价、同权"，构建与国有土地产权外在形式相一致、内在权益相同、完整的土地产权制度，建立城乡统一的土地市场，还原完全土地市场下的价格形成机制。

二、建立健全存量建设用地市场法律规制，盘活土地二级市场

要发挥土地二级市场对一级市场的补充支撑作用，有效平衡一级土地市场用地需求。一是完善制度。可考虑制定出台《土地使用权交易管理办法》，明确土地二级市场的交易规则、交易方式和交易程序，尤其要尽快完善现有的存量划拨土地使用权管理制度，明确各类土地使用权的产权主体、权利义务、收益分配、买卖交易条件。二是推进城市存量土地的二次开发。总结近几年广东等地"三旧"改造的经验，调整部分地方由政府收回重新"招""拍""挂"的单一方式，可以在考虑国有土地资产不流失的前提下，将土地增值与原土地使用者的收益挂钩。研究适当放宽存量土地调整用途使用开发的政策限制。三是完善收益分配体系。在明晰产权的前提下，科学界定各种权利的收益边界，确保土地收益分配中性和负担公平。当前，最主要的是完善税制，提高存量土地的流动性。在适当提高土地保有环节税负的基础上，在土地流转环节，归并土地税种，减轻税负，鼓励流转，改变现行税制仍然具有的"限制流转交易"的不合理性。

三、加快推进土地权利的立法，健全土地市场权利保护体系

随着经济发展脚步的加快，维护土地市场正常运行的土地权利内容也日渐丰富，我国城市土地产权制度的基本框架已经形成，但在具体权能的设定和相关土地权利的保护方面还不完善，实践中由于土地产权制度不健全而导致的土地纠纷时有发生。因此，要建立与社会主义市场经济体制相适应的城市土地使用制度，应该着力加强土地产权制度建设，实现土地产权的细分，为城市土地的高效利用和土地产权的合理流动奠定制度基础。如在房地产交易中，应通过公共权力将房权与地权分立，并从中分离土地收益，保障国家利益和社会公平。

第二章

我国建设用地供需平衡研究

第一节 引 言

人多地少、耕地资源相对不足是我国的基本国情。随着我国现阶段经济社会的快速发展和城市人口不断增长，建设用地需求也快速释放，土地供需矛盾日渐突出，资源保护和管理的压力日益加大，同时，土地资源的浪费现象依然突出。我国正在经历快速城市化时期，土地快速扩张，工业用地效率低下。从国际经验来看，在工业化后期到信息化时期的转变过程中，土地利用效率得到进一步提升，主要表现为工业用地、单位用地效率提高。如伦敦在2005年工商业用地面积仅为75.3 km^2，但单位面积产出达到38.6亿美元/km^2，东京则更是高达128.07亿美元/km^2。国土资源部发布的《国家级开发区土地集约利用评价情况（2012年度）》对341个国家级开发区的土地利用状况开展了第三轮开发区土地集约利用评价工作。工业用地产出强度为 12 984.94 万元/hm²，约为 20 亿美元/km²。工业用地产出强度相当于发达国家的 1/5，仍处于非常低的水平。为此，我们必须高举土地节约集约利用大旗，通过安排和满足合理用地需求，从土地管理源头遏制产能过剩和盲目发展，充分发挥土地资源在保障科学和可持续发展中的支撑作用，从供应源头实现转变。

当前，我国已经进入三期叠加的新阶段，即经济发展的"换挡期"、结构调整的"阵痛期"和前期刺激政策的"消化期"，未来我国宏观经济可能转入次高增长阶段，土地需求的增速会相应放缓。在此背景下，开展土地供需平衡分析，通过建设用地供给和需求发展演变趋势的比较分析，从总体上把握建设用地供需变化趋势，分析研判当前宏观经济背景下建设用地供需状况，提出土地供需总量平衡政策建议，能够加大政策引导，提高土地政策参与宏观调控的针对性和有效性；也有利于促进集约节约用地，提高用地效率，为科学管地、用地提供参考。

第二节　文献综述

一、国内研究综述

我国学者对城市建设用地的关注始于 20 世纪 80 年代中期。钟文树（1985）在《谈珍惜耕地》一文中提出，城乡基本建设用地的日益增加与我国耕地数量剧减之间的矛盾决定了我们用地必须精打细算，控制建设用地面积。最先提出对城市建设用地进行科学预测的是徐国弟（1988），他在《关于建设用地计划的几个问题》一文中认为，对于计划部门来说，要主动地与土地部门一起做好建设用地需求的科学预测，并搞好建设用地与整个基本建设的综合平衡工作。但这一时期我国学者对城市建设用地需求的研究是零散的、浅显的，只认识到研究城市建设用地需求预测的重要性，并没有掌握较为科学的方法进行预测。

20世纪80年代末以后，我国学者开始从不同角度探索城市建设用地需求量预测方法，并进行了一些实证研究。陈玮（1989）在《辽宁省城镇化用地的发展与控制研究》一文中，首次运用一元回归预测法预测建设用地需求量，从此把我国的城市建设用地需求量预测研究引向新的开端。郑锋（1994）在《海南省2000年土地需求结构预测及土地宏观开发战略研究》中采用定额指标法，按照国家规定的各类建设用地定额指标，测算未来某一时期用地规模。

邱道持（1996）在《重庆市建设用地预测模型探析》、陈国建（2002）在《重庆市区城市建设用地预测研究》等论文中均提出灰色系统预测法，该方法适用样本数量较少、时序较短、波动较大的数列，能够解决无经验又缺少数据的不确定性问题，但难以反映建设用地需求量在各个发展时期的特征和波动趋势。刘德秋（2001）、陈国建（2002）、袁健（2004）、廖和平（2004）等分别用不同的研究方法对城市建设用地需求量进行了预测。但这一阶段，研究数量相对较少，研究方法也相对单一，研究内容主要以总量预测为主，缺少理论支撑。

2005年以后，我国学者对城市建设用地需求预测的关注度进一步提升，研究内容更加深入和细致，很多学者开始探索城市建设用地需求预测的理论研究。刘懿光（2005）、薛丽（2007）、王建国（2007）、左金睿（2009）、党小刚（2010）、朱希刚（2010）等分别从不同角度加以研究，认为可持续发展理论、区位理论、供需平衡理论、地租理论、城市土地空间布局理论、人地关系理论、GIS理论、土地报酬递减规律、土地稀缺理论是研究城市建设用地需求量预测的理论基础，而且研究的方法也越来越多元化，研究内容也越来越系统科学。

二、国外研究综述

历史上，发达国家建设用地规模均经历过"缓慢增长期—快速增长期—平稳增长期"的变化轨迹（如图2-1所示）。工业化和城镇化的初期，建设用地缓慢增长；城镇化加速期，城市空间规模扩张逐渐加速；从城镇化与工业化后期到后工业化和信息化时期，随着城市产业的转型，城市建设用地增速趋缓直至稳定，且逐渐由外溢型扩张转向内部优化与提升。

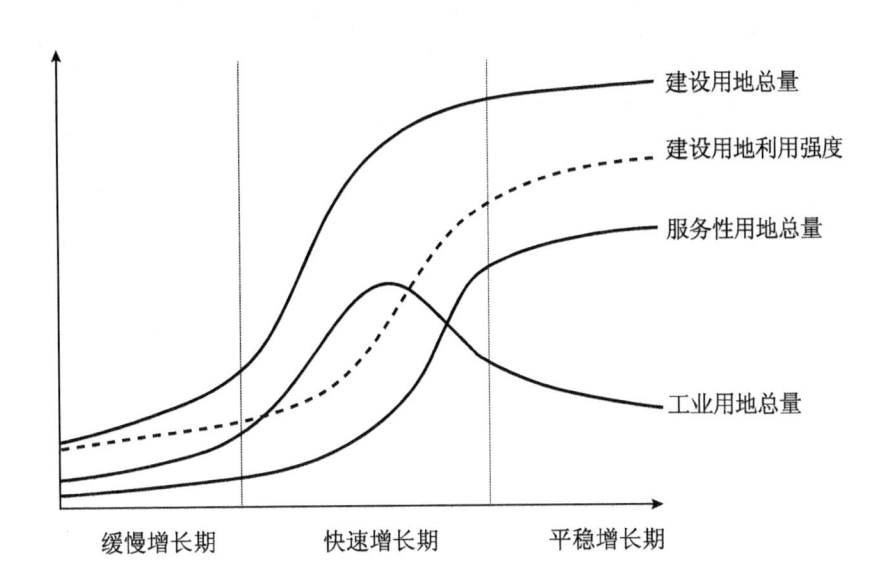

图 2-1 发达国家建设用地增长特征

日本国家统计局网站显示，日本自20世纪60年代经济快速发展以来，建设用地总量从1963年的78万 hm²、人均81.12 m²增长为2007年的187万 hm²和人均146.39 m²。1963~1973年的10年间，日本国民生产总值的年平均增长率高达11.9%，与此相对应的是，1963~1973年，日本建设用地总量从78万 hm²一跃到116万 hm²，呈现加速上升态势，年增长率3%以上，最高点曾达4.94%；1974~1985年，日本经济的年均增长速度为5.1%，建设用地增长速度呈现下降趋势，建设用地总量缓慢上升，增长率在1%~3%；1986年后日本受泡沫经济破灭的影响，建设用地量增长率在1%上下徘徊，其中2006年还出现零增长。

日本40年来人均建设用地变化情况表明，人均建设用地存在倒U形趋势，如图2-2所示。

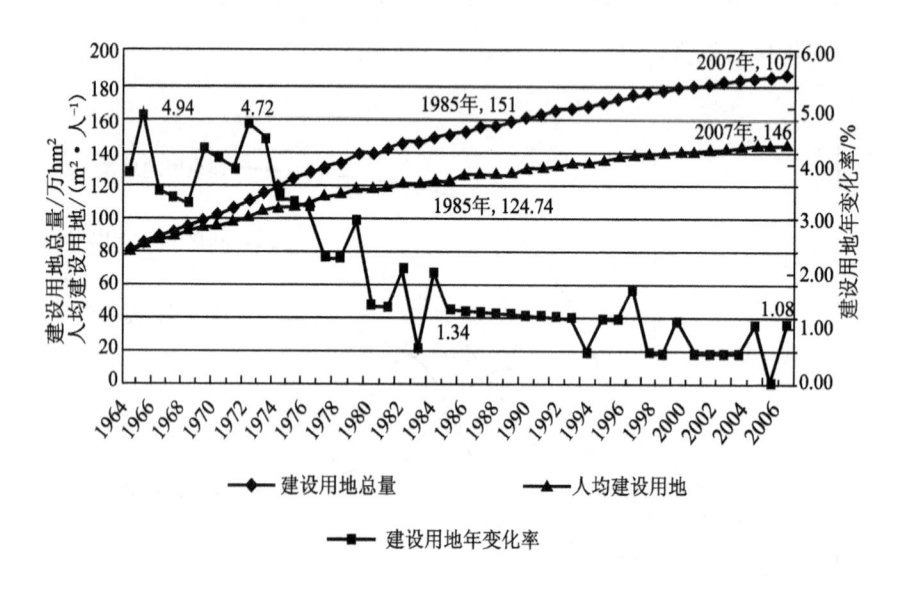

图2-2 日本20世纪60年代以来建设用地总量增长趋势

三、本书研究思路

本书根据我国人多地少的资源国情和土地节约集约利用的战略要求，提出人均合理建设用地规模的概念。通过综合考虑经济发展、人口城镇化对城市土地需求形成的扩张效应、经济效应，以及资源禀赋约束对土地需求构成的天花板效应，建立数理模型，应用分省土地利用变更调查数据、GDP 和城镇化率数据，测算得出我国分年度人均合理建设用地规模数据。我们以此入手，计算得出每年合理的新增建设用地规模。

在建设用地供应测算方面，充分考虑建设用地供应在支撑经济发展和以人口为核心的社会发展应该发挥的作用，尤其是在目前"四化"（指十八大报告提出的"工业化、信息化、城镇化、农业现代化"）同步快速发展阶段，为实现一定的经济增长速度和一定的城镇化水平，必须保持必要的供地规模。通过构建模型，应用分省土地供应数据、GDP 增长速度和城镇化率增长速度等数据，测算出我国建设用地供应规模。将其减去之前测算得出的合理新增建设用地数值，即可得出所需盘活供应的存量建设用地数量。最后，根据测算的土地供应总量、新增用地和存量建设用地供应量，对土地需求侧和供给侧两个方面提出建设用地供需总量平衡对策建议。

值得说明的是，因为是首次开展研究，我们以 2013 年土地供应和需求测算作为研究对象。因为 2013 年宏观经济数据、土地供应数据已经基本统计完毕，便于我们将测算结果与实际情况进行比对，以便进行校验。图 2-3 为本书研究思路框架。

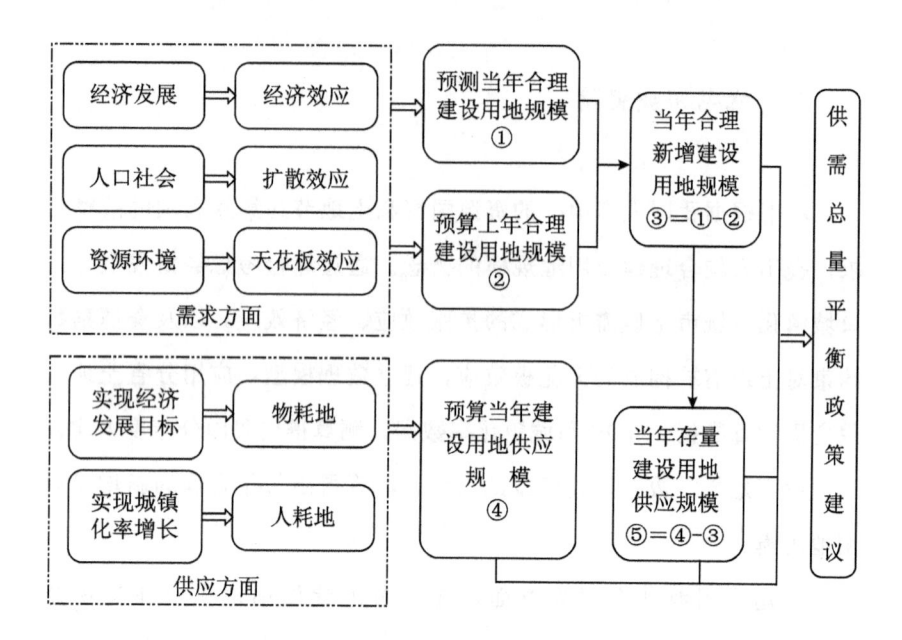

图 2-3 本书研究思路框架

第三节 我国人均合理建设用地规模测算

一、模型构建

人均合理建设用地模型构建，主要考虑影响土地需求的三方面因素：一是经济活动对建设用地的影响；二是人口活动对建设用地的影响；三是资源环境对建设用地的约束影响。

反映经济活动的指标很多，包括 GDP、货币发行量、固定资产投资；通过召开专家讨论会，考虑到我国货币发行量对土地开发更多的是引致效应而不是经济规模效应，固定资产投资主要是政府为了拉动经济，不能规范合理用地需求，我们选择人均 GDP 作为反映经济活动的变量。

人口对土地的影响主要是由人口扩张引起的，主要指标包括城镇人口的增长和城镇化率等。由于我国还处于城市化初级阶段，人口的扩张更多地表现在从农村到城市的流动。因此我们选择人口城镇化率作为扩散效应函数中的自变量。

资源环境对建设用地主要起到约束作用。影响指标包括地形、地貌等自然资源条件及国土面积等。但是影响最大的是土地开发强度，因此我们用开发强度来作为反映资源环境对建设用地约束的变量。

综上，构建人均合理建设用地需求的测算模型，必须考虑以上三种因素的作用，分别对应经济发展、人口社会（城镇化率）和资源约束三方面因素，具体的选择指标分别为人均 GDP、城镇化率和土地开发强度，见表 2-1。

表 2-1 人均合理建设用地需求测算模型指标筛选

指标	可选指标	备注说明	试算情况	甄选结果
经济因素	GDP	最常用的反映经济发展水平指标	相关性显著	√
	固定资产投资	体现我国投资拉动下对土地的需求	人均合理用地 316 ㎡，远高于现在的 273 ㎡	×
	货币发行量	无法获取分省数据		×
人口因素	城镇化率	体现我国城市化发展水平	相关性显著	√
	人口增长	各省人口增长差异不大，无法体现我国分省土地利用特点	与分省的人均建设用地相关性不显著	×
资源环境因素	开发强度	已开发面积和全部土地面积之比，反映已开发情况	相关性显著	√
	可建设用地占地域面积	没有搜集到相关数据		×

建立数据模型如下：

Land＝a ＋a₁GDP＋a₂GDP2＋a₃Urban＋a₄Urban2＋a₅Explore＋
　　　a₆Explore2

a：系数。

Land：人均合理建设用地规模。

GDP：人均GDP。

Urban：城镇化率。

Explore：土地开发强度。

二、测算过程

数据来源：人均GDP和城镇化率来自全国及分省统计年鉴（1997~2012）；分省建设用地数据来自全国土地利用变更调查报告（2002，2006~2008）和《全国国土资源公报》（2012）。

建设用地是指通过变更调查发现的全部建设用地，包括城镇用地、农村居民点用地、独立工矿用地、交通水利等基础设施用地。

出于计算需要，GDP取对数，城镇化率取指数，运用SPSS软件进行计算，结果具体见本章附表A。

测算可以发现指标之间的规律如下。

一是，我国人均合理建设用地规模和经济发展水平系数为负，说明经济发展对促进人均建设用地集约节约具有明显的经济效应。经济效应，即随着经济发展，产业结构也随之升级，第二产业比重下降，第三产业比重上升。而第三产业所支撑的就业人口和服务的人口更多，但同时占用的建设用地却相对更少，导致人均建设用地下降。

二是，我国人均合理建设用地规模与城镇化率存在较为显著的正相关性，即城镇化推高人均建设用地。我们把这种作用定义为土地的扩散效应。扩散效应，即随着城镇化率上升，城市人口增加，工业用地需求上升，扩散到居住用地需求，乃至商业、教育、医疗、交通等建设用地需求，导致人均建设用地上升。

三是，人均合理建设用地规模与土地开发强度之间相关系数为负，说明开发强度越大，人均建设用地越少。我国上海、北京、广东等开发强度大的地区，人均建设用地要远远小于我国平均值，我们把这种作用定义为天花板效应，即由于土地开发强度达到一定程度后，建设用地扩张就会受到自身资源条件约束。我国地域差异明显，这一效应表现尤其突出。例如，东部地区，经济发展水平高，现实用地需求大，但由于其土地开发强度已非常大，综合考虑生态保护、城市宜居等多种因素，现实用地需求难以转化为有效用地需求。

三、测算结果及分析

（一）2013年人均合理建设用地规模测算结果

根据2013年人均GDP、城镇化率和土地开发强度，计算得出我国2013年人均合理建设用地规模为255.95 m^2。

2013年土地扩散效应和经济规模效应分别为2.74 m^2/人和1.57 m^2/人，扩散效应大于经济规模效应，表明我国人均合理建设用地规模还将处于上升通道。

（二）2013年合理新增建设用地规模

根据测算，人均合理建设用地2012年为254.77 m^2，2013年为255.95 m^2，即2013年可以合理安排人均1.18 m^2的新增建设用地，按照 2013 年 13.6 亿人口计算，全国可以安排 16 万 hm² 的新增建设用地。

（三）到 2020 年人均合理建设用地规模预测

我们按照经济现在发展趋势对未来情景进行 3 种模拟。

模式 1：经济高速增长、城镇化快速推进。选择 8% 的人均 GDP 增长速度、1.2% 的城镇化率增长速度，这两个指标分别比目前水平高出 0.3 个百分点和 0.1 个百分点。

模式 2：经济稳步增长、城镇化较快推进。选择 7.5% 的人均 GDP 增长速度、1% 的城镇化率增长速度，这两个指标值的设定考虑了保证就业的需要和 2020 年城镇化率达到 60% 的需要。

模式 3：经济中高速增长、温和城镇化。选择 7.2% 的人均 GDP 增长速度、0.8% 的城镇化率增长速度，这两个指标的设定主要考虑 2020 年人均 GDP 翻一番的目标需要和稳步推进城镇化，提升城镇化质量的需要。

三种模式人均合理建设用地测算结果见表 2-2。

表 2-2　三种模式人均合理建设用地测算结果　　　　m²/人

年份	模式 1	模式 2	模式 3
2014	258.52	257.26	255.86
2015	260.12	258.25	256.14
2016	261.50	259.04	256.24
2017	262.65	259.62	256.13
2018	263.55	259.97	255.79
2019	264.17	260.06	255.22

续　表

年份	模式1	模式2	模式3
2020	264.48	259.89	254.39
2021	264.46	259.42	253.28
2022	264.07	258.63	251.87
2023	263.29	257.49	250.14
2024	262.07	255.98	248.06
2025	260.37	254.06	245.60
2026	258.16	251.70	242.73
2027	255.38	248.86	239.43
2028	251.99	245.51	235.66
2029	247.93	241.60	231.39
2030	243.15	237.09	226.57

情景模拟显示，在我国建立城乡统一建设用地市场的大背景下，我国在2020年左右能够实现人均建设用地零增长的目标，在那之后，人均建设用地规模将呈现逐步下降的趋势。

四、数据合理性验证

通过模型测算的人均合理用地需求是否满足现有规划和政策要求，我们进行了逻辑验证。

（一）与国土规划比较，基本能够满足规划控制要求

根据《国家人口发展"十二五"规划》，我国到 2020 年人口总数控制在 14.5 亿。结合上述三种模式，预估我国到 2020 年总建设用地规模和人均合理建设用地规模，并与《全国土地利用总体规划纲要（2006～2020 年）》进行对照，见表 2-3。

表 2-3 三种发展模式合理建设用地规模预估值与规划控制指标比较

年份	模式 1	模式 2	模式 3	规划纲要（2020）	规划纲要（2010）
总建设用地规模/万 hm²	3 834.96	3 768.41	3 688.66	3 724	3 374
人均建设用地/m²	264.5	259.9	254.4	256.8	251.8

通过比较可以看出，按照三种模式估测的建设用地规模均比较接近规划纲要控制规模。但严格来说，模式 1 和模式 2 的高速经济增长和高速城镇化发展速度都会是建设用地扩展超过 2020 年人均 256.8 m² 的规划控制目标，而保持 GDP 7% 的中高速发展和温和城镇化（0.8% 增长）进程能够很好地控制建设用地扩展规模。

（二）与耕地红线对比，按照测算的人均合理用地规模供应新增建设用地，能够保证 18 亿亩耕地红线不破

以上三种模式，按照模式 1 来计算，我国人均合理建设用地规模 2020 年达到 264.48 m²，比 2012 年增加 9.71 m²。按照 14.5 亿人口计算，则 2020 年比 2012 年约新增建设用地 140.780 万 hm²，即 2 112 万亩（1 亩≈666.67 m²）。根据《2012 中国国土资源公报》，截至 2011 年年底，全国耕地面积为 18.247 65 亿亩。假定到 2020 年新增

的 2 112 万亩新增建设用地全部来自耕地,且不考虑因灾损毁等其他原因造成的耕地减少和通过土地整理等手段导致的耕地增加,到 2020 年剩余耕地为 18.036 35 亿亩。根据本课题研究,2020 年后,人均建设用地将出现负增长,即新增建设用地出现零增长,因此我国 18 亿亩耕地红线能够保住。

第四节　建设用地供应规模测算

一、模型构建

土地供应主要是为了满足经济增长和吸收城镇化人口的需要,即人耗和物耗对建设用地的需求。由于测算的供地量包括存量土地,模型将不再考虑开发强度,而主要考虑经济指标和城镇化指标。

与建设用地需求测算进行指标甄选的过程类似,我们仍选择 GDP 和城镇化率作为反映经济和城镇化的指标。考虑到年度土地供应量是一个增量概念,因此选择 GDP 增速和城镇化增长速度作为具体的测算指标。建立模型:

$Land = a + a_1 GDP + a_2 GDP2 + a_3 Urban + a_4 Urban2 + a_5 Var$

a:系数。

Land:人均建设用地供应。

GDP:GDP 增长率。

Urban:城市化增长率。

Var:虚拟变量。

二、测算结果及分析

（一）2013年建设用地供应总量

建设用地供应数据来自土地市场动态监测与监管系统（2004～2012），由于系统数据到2007年以后逐步规范、完备，表现在统计结果上，2007年后建设用地供应规模相对之前的数据更大，这其中也存在正常的规模放大因素。对于统计上存在的差异，我们采取两种办法来处理：一是加入虚拟变量来处理2007年以前的数据；二是直接选取2007年以后的数据来进行回归。

模式1：运用SPSS软件，采用2004～2012年的数据，加入虚拟变量后，得到模型（见本章附表B）2013年人均供地量为2.73 m^2。

模式2：运用SPSS软件，采用2007～2012年的数据，不加虚拟变量，得到的模型（见本章附表C）2013年人均供地量为3.00 m^2。综上，2013年全国建设用地人均供应量为2.73～3.00 m^2，按照13.6亿人口规模计算，建设用地供应总量为37万～40万 hm^2。

（二）2013年建设用地供应来源

根据前面关于2013年合理新增建设用地规模测算结果，2013年我国可以合理供应的新增建设用地为人均1.18 m^2左右。而为了保持2013年7.7%的经济增长速度和1.16%的城市化率增长速度，应该确定的人均建设用地供地规模为2.73～3.00 m^2。为此，2013年我国建设用地供应中，人均存量用地供应将为1.55～1.82 m^2，占到供地总量的60%左右，存量用地开发应是2013年土地供应的主要来源。

按照全国13.6亿人口计算，2013年建设用地供应中，合理新增建设用地总量应控制在 16 万 hm^2 左右，其余的 21 万~24 万 hm^2 需要通过存量土地开发利用来解决。

第五节　我国建设用地供需总量平衡政策建议

一、实行总量控制、减量化供应的土地政策

根据本书测算，2013 年人均合理建设用地规模为 256.3 m^2，而 2012 年我国人均实际建设用地就已经达到 273 m^2。根据 2013 年经济社会发展指标，建设用地供应量 40 万 hm^2 左右就可以满足经济社会发展需要，但是 2013 年实际国有建设用地供应总量已超过 70 万 hm^2，即使考虑到测算误差和其他不可预期的因素，70 万 hm^2 的供应量仍远大于测算结果。说明目前我国人均实际建设用地规模和供地规模都过大，超出了经济发展和人口城镇化的需要，更脱离了我国人多地少的资源国情。

由于近年来 GDP 增速放缓，而国有建设用地供应呈现放大趋势，近年来单位 GDP 建设用地面积，即地耗不是下降了，而是在上升，反映了土地节约集约利用的水平没有提高。不加评估和测算就大规模投放土地，不仅容易造成土地闲置浪费，不利于提高土地利用效率，而且还容易助长产能过剩，不利于产业结构转型和经济结构的战略性调整。建议结合土地供应的能力和实际合理需求，对建设用地供应总量进行科学测算，并严格控制供地总量。

二、严格控制增量，盘活存量建设用地

从测算的 2013 年的建设用地供应情况来看，人均供地 2.73～3.0 m² 中，只有 1.18 m² 能够通过新增建设用地来解决，即提供的合理新增建设用地仅为 16 万 hm² 左右，其余的需要通过盘活存量建设用地加以解决，存量土地利用占到供应量的 60%左右。根据国土资源综合统计快报，截至 2013 年 12 月 31 日，全国累计安排使用的计划指标为 44.3 万 hm²（年初计划指标为 55 万 hm² 左右），是测算规模的 2.75 倍。根据近年来我国土地利用计划指标情况，2007 年将未利用纳入计划管理后，每年新增建设用地增长到 40 万 hm²（600 万亩）左右，2011 年后达到 50 多万 hm²（750 万亩），并且存在预支下年度计划指标的情形。总的来看，近年来新增建设用地计划指标呈现急剧上涨的态势。

当前，我国进入前期刺激政策消化阶段，我们要相应地考虑近年来新增建设用地规模的消化，逐步减少新增建设用地供应规模。适当调减东部地区新增用地供应，今后，东部三大城市群发展要以盘活存量为主。

三、落实区域差别化政策，优化城市供地结构

我国一线城市（北京、上海、广州、深圳）吸纳了大量的人口，造成了一定的城市功能不足，包括道路拥堵、城市边界无序扩张、房价上涨过快等。从本书分析的影响建设用地需求的三种效应来看，主要是大城市的经济效应充分显现，但是土地扩散效应被严重压制。表现最为突出的是三大都市圈，这些城市具有较好的产业基

础，能够吸纳外来人口，拉低了实际人均建设用地。但这些外来人口并没有在教育、医疗、住房、社会保障等方面享受市民待遇，与此相关的建设用地供应不充足，表现在远不能满足需求的少量农民工子弟学校、场地很小的城乡接合部的私人小诊所、数量极少的为农民工准备的廉租住房等，反映了其配套的生活、居住用地远没有满足需要。

从测算的数据看，北京、上海、浙江、广东等省市人均合理建设用地规模要小于其实际的人均建设用地规模，说明这些省市在吸纳人口的同时，在配套的居住和生活方面存在欠账。考虑到东部实际土地开发强度，要在控制大城市无序扩张的基础上，实行差别化供地政策，对人口500万以上特大城市新增建设用地主要投放在居住和生活用地方面，原则上不再安排新增用地用于产业发展；适当增加西部地区新增用地供应，引导产业发展，通过产业发展带动三产发展，带动人口就业向西部转移，协调生产、生活用地，彻底改变目前大城市不宜居、小城镇不宜业的状况，形成大中小城市和小城镇协调发展的格局。

四、控制土地开发强度，增加生态用地

根据土地天花板效应，我国土地开发强度和人均合理建设用地存在负相关关系。近年来，由于城乡建设用地两头扩张，一些地方已经出现建设用地比例过高、土地过度开发、承载接近极限的苗头。安徽、江苏和珠江三角洲地区的城乡土地开发强度都已经达到15%左右，广东省深圳和东莞两市的这一比例甚至高达40%；而日本、韩国的土地开发强度都在10%以下，即使是国土面积较小的荷兰也只有13%。

生产、生活、生态各业争地的结果，往往是建设用地占上风，而生态用地遭受侵蚀。据统计，我国森林覆盖率只有全球平均水平的2/3，人均森林面积0.145 hm^2，不足世界人均占有量的1/4。建设用地急剧扩展，挤占了生态用地，导致森林、草原、湿地等生态用地急剧减少，导致生态环境质量同步下降，严重影响了人民的生活质量和健康水平。必须要下大力气保护具有生态功能的耕地，让耕地能在保障粮食安全的基础上，形成城市外围的青纱帐、麦浪等独特风景，保护耕地范围内独有的生态系统，迫使城市建设跳出去，搞串联式、组团式、卫星城式发展。同时，要加强对生态用地的保障，保护林地、草地、湿地和水域水面，禁止劈山挖湖，要严格控制围填海造地，谨慎利用低丘缓坡等生态脆弱地区土地，统筹有序利用未利用土地。

本章附表：

附表 A　人均合理建设用地规模测算结果

Coefficients						
Model		B	Std. Error	Beta		
1	(Constant)	327.401	8.263		39.622	0.000
	EXPLORE	−6.177	0.785	−0.339	−7.866	0.000
3	(Constant)	200.295	37.739		5.307	0.000
	EXPLORE	−23.878	2.180	−1.309	−10.952	0.000
	EXPLORE2	0.524	0.078	0.815	6.680	0.000
	EXPURBAN	135.175	25.791	0.293	5.241	0.000
5	(Constant)	−983.545	139.673		−7.758	0.000
	EXPLORE	−27.634	2.026	−1.514	−13.637	0.000
	EXPLORE2	0.871	0.080	1.356	10.955	0.000
	EXPURBAN	1 996.070	187.142	4.325	10.666	0.000
	EXPURB2	−561.221	55.280	−4.182	−10.152	0.000
	LNGDP	−23.212	9.942	−0.145	−2.335	0.020
a	Dependent Variable：LAND					

附表 B　建设用地供应规模测算结果(模式 1)

Coefficients						
Model		B	Std. Error	Beta	t	sig
1	(Constant)	1.637	0.810		2.021	0.044
	GDP	13.151	10.348	0.340	2.271	0.035
	GDP2	−22.458	30.986	−0.193	−3.725	0.003
	URBAN2	−2.794E−02	0.032	−0.074	−3.887	0.002
	URBAN	0.217	0.168	0.108	4.287	0.000
	VAR	−1.473	0.263	−0.353	−5.607	0.000
a	Dependent Variable: LAND					

附表 C　建设用地供应规模测算结果(模式 2)

Coefficients						
Model		B	Std. Error	Beta	t	sig
2	(Constant)	2.260	0.851		2.655	0.008
	URBAN	0.216	0.179	0.107	2.081	0.009
	URBAN2	−1.102E−02	0.033	−0.029	−3.31	0.004
	GDP	4.440	10.460	0.115	4.243	0.000
	GDP2	27.523	31.480	0.236	8.742	0.000
a	Dependent Variable: LAND					

第三章

我国土地和房地产市场政策环境分析

土地作为一种特殊的资源和商品，具有资源、资产和资本"三位一体"的属性，不可流动性和位置固定性等自然属性，以及稀缺性、功能永久性等经济属性。土地是经济发展不可或缺的资源，这种资源在市场经济条件下，随着产权的日益清晰，其资产属性凸显，成为投资者保值增值、抵制通货膨胀的首选目标之一。中国经济长期向好趋势、城市化和工业化持续推进，在流动性充裕的情况下土地与金融活动相结合，其资本属性将更加突出。土地这些经济属性在金融衍生功能和财务杠杆效应的作用下，对财政政策和货币政策效应产生了重要影响，而房地产作为和老百姓息息相关的商品，从一开始出现就一直牵动着老百姓和政府的神经。

第一节 要全面推进农村集体土地确权颁证工作，开展农村土地承包经营权登记试点

农村土地制度关乎农村的根本稳定，也关乎中国的长远发展，其核心是要保障农民的财产权益。"把集体土地确权当成大事来做"，"让农民真正成为土地的主人"，"让农田活起来"。由于目前土地制度中的产权相对模糊，农民无法对土地进行长期投资，也不能将土地以抵押等方式融资，从而大大地限制了土地的收益。解放和发展农村生产力，调动农民的积极性，必须保障农民的财产性权利，尤其是农民的土地使用权。随着农村和农业的发展以及城镇化进程的不断加快，这一问题显得更为紧迫。一方面，囿于土地使用权不能流转的束缚，农业经营规模一直较小，农业科技发挥作用空间有限，农业生产力也难以实现质的飞跃；另一方面，城镇化过程中征地补偿过低，损害农民利益的事件时有发生，工业化冲击下农民弃耕打工，耕地荒废的现象普遍存在，究其根源，也都与现行农村集体土地制度和土地使用权有关。

在这个意义上，无论是推进新型城镇化，还是实现农业现代化，都离不开对农民土地权益的保障。一些地方土地确权试点的实践已经充分证明，只要农村集体土地的生产经营权直接交到农民手中，允许自由流转和债权抵押，就能再次带动广大农民的包地种地热情，也能解脱部分进城务工农民的种地负担，还可以培育以家庭农场、农业合作社为代表的现代化农业经营组织，从而促进农业产业化、机械化、规模化。

第三章 我国土地和房地产市场政策环境分析

我国在国土资源产权制度建设与改革、产权确认、产权登记与审批等方面取得积极进展，农村集体土地所有权确权登记发证基本完成，集体土地使用权确权登记发证加快推进，以"农村土地股份制改革"为代表的产权制度改革深入开展，不动产统一登记开展试点并纳入国务院机构职能转变范围。

一、农村集体土地所有权确权登记发证任务基本完成，集体土地产权进一步明晰

农村集体土地确权登记发证工作，是推进农业、农村改革发展的基础性工作，对维护农民土地合法权益，顺利推进工业化、城镇化和农业现代化，加强农村社会管理，促进城乡统筹发展具有重要意义。为加快推进农村集体土地确权登记发证工作，国土资源部全面加强组织部署、政策规范、典型宣传和督查验收，基本完成集体土地所有权确权登记发证工作任务。

2011年5月，国土资源部、财政部、农业部联合下发《关于加快推进农村集体土地确权登记发证工作的通知》（国土资发〔2011〕60号），强化工作组织部署。文件结合新的形势和要求，明确了农村土地确权登记发证工作的范围、原则、主要任务和组织领导，提出"力争到2012年年底把全国范围内的农村集体土地所有权证确认到每一个具有所有权的集体经济组织，做到农村集体土地确权登记发证全覆盖"。要求加快地籍调查、加强争议调处、加快规范已有成果、加强信息化建设、强化证书应用，明确要求"凡是2012年年底未按时完成农村集体土地所有权登记发证工作的，农转用、土地征收审批暂停，农村土地整治项目不予立项"。为落实国土资发〔2011〕60号文件的要求，国土资源部联合财政部、农业部组建了全国加快推进农村

集体土地确权登记发证工作领导小组及办公室，统筹协调、全面开展工作。

2011年11月，国土资源部、中央农村工作领导小组办公室、财政部、农业部联合下发《关于农村集体土地确权登记发证的若干意见》（国土资发〔2011〕178号），明确了相关政策。在范围上，坚持"全覆盖"的原则，农村集体土地所有权确权登记发证应当包括全部农村范围内的集体土地。在主体上，不搞"一刀切"，"是谁的发给谁"，属于村集体所有的土地，确权给村一级农民集体；属于村民小组集体所有的土地，确权给村民小组一级农民集体；属于乡集体所有的土地，确权给乡一级农民集体。在合村并组、增减挂钩、土地整治、撤村建居，以及宅基地超占、农村违法用地等特殊问题方面，提出了具体的操作办法。重申了"小产权房"不得登记发证和凭证管地、用地，强化证书应用的规定。2012年4月，就"全覆盖"事宜，国土资源部下发《关于严格落实农村集体土地所有权确权登记发证全覆盖的通知》（国土资电发〔2012〕41号），从落实党中央、国务院有关部署要求，落实国土资源主管部门法定职责，落实《物权法》要求和严格依法行政等方面，强调必须实现农村集体土地所有权确权登记发证的全覆盖，为开展工作明晰政策技术依据。

2012年11月，国土资源部制定下发《农村集体土地所有权确权登记发证成果检查验收办法》（国土资厅发〔2012〕54号），对农村集体土地所有权确权登记发证成果检查验收的程序、内容和方法进行了规范，确立了"适度分开、有机结合"的验收原则。"适度分开"是指在目前工作基础上，检查验收更着重于确权登记的全面完成；"有机结合"是指年底基本完成集体土地所有权确权登记发证与检查验收互相支撑、促进。在检查验收的比例上，规定市级验收外业不少于3%、内业不少于4%，省级抽查外业不少于2%、内业不少于3%；

在检查验收的范围上，规定按照"新旧分开、区别对待"的原则，这次检查验收主要针对本次统一部署开展的确权登记发证工作，以前的成果按照以前的规范和标准兼顾进行。提出衡量工作任务是否完成的重要标准有三条：所有权地籍调查是不是全面完成，土地权属争议情况是不是了解清楚，确权登记发证是否完成到位。为确保农村集体土地所有权确权登记发证成果质量提供了政策制度保障。

截至2012年年底，全国农村集体土地所有权确权登记发证工作基本完成，农村集体土地所有权证确认到了每一个具有所有权的农民集体经济组织。经过确权登记发证，农村集体土地所有权获得法律上的确认，既定纷止争、明晰了产权，也稳定人心、创造了和谐，为维护发展农民合法土地权益、激发农村发展活力、发展农业现代化及城乡一体化，夯实了根基，增添了动力。

二、农村集体土地股份制改革探索积极开展，集体土地产权实现的有效途径进一步丰富

农村土地产权制度改革始终是理论界与实践中的焦点，耕地保护、资源管理、"三农"发展、四化实现都与土地产权制度息息相关。为了破除发展藩篱，释放改革红利，各地纷纷结合自身实际，开展了农村土地产权制度改革。较为典型的有：四川成都"还权赋能、农民自主"的改革模式，即在农村土地、房屋确权登记的基础上，构建产权交易市场和相应机制，建立"政府引导、市场运作"的投资平台，发展农村金融服务，设立耕地保护基金，用经济手段保护耕地，用还权加市场的方式发展农民权益；浙江嘉兴"两分两换"的改革模式，即将宅基地与承包地分开，在农户自愿基础上鼓励农户放弃宅基地，提供换钱、换城镇房产等多种形式置换方式，在坚持承包经营制度、

农地用途不变和数量、质量不变的基础上，以土地承包经营权换股、换社会保障，流转承包经营权，推进规模经营；江苏苏州"三集中、三置换"的改革模式，即推进工业企业向规划区集中，推进农业用地向规模经营集中，推进农户向新社区集中居住，有农民自愿将在农村集体经济组织内拥有的三大经济权益（集体资产所有权和收益权、土地承包经营权、宅基地使用权和住房所有权），进行实物置换或者价值化、股份化置换。这些探索中，股份制的影子隐约出现。事实上，农村土地股份制作为土地产权实现的有效方式已在大江南北遍地开花。

农村土地股份制改革逐步形成共识。农村土地股份制改革的探索最早出现在20世纪90年代的广东、江苏等地，目前已经在全国不少地区存在。2011年，时任国土资源部副部长、中国土地学会理事长王世元在中国土地学会学术年会上表示，要积极探索在社会主义市场经济条件下土地所有权实现的有效途径和形式。凡有条件的地方，鼓励集体土地股份制改革，成立集体土地农业经合组织、股份合作社或股份公司等，使农民对集体资产享有充分的股权，以充分体现农民作为成员的财产权益。2012年12月31日，中共中央、国务院出台了《关于加快发展现代农业进一步增强农村发展活力的若干意见》，进一步提出，"鼓励农民兴办专业合作和股份合作等多元化、多类型合作社"，"鼓励具备条件的地方推进农村集体产权股份合作制改革"。农村土地股份制改革在国家政策层面和地方实践层面达成了共识，提振了改革的信心，为改革在更大范围、更深程度规范开展奠定了基础。

农村土地股份制改革的形式多样。由于各地开展农村土地股份制改革的背景、经济和自然条件不同，改革的形式也多种多样。按照入股要素的不同主要分为三种：一是社区股份制，即以原集体资产（主要是经营性净资产，包括土地、资金、技术等）折股量化给集体经济组织成员，在原有集体经济组织和集体成员权的基础上形成新型股份合作组织；二是单一土地股份制，即在稳定家庭承包经营制度和保护农户土地承包经营权的基础上，将承包权与经营权分离，由农户自愿将土地经营权入股，组建土地股份合作社，将土地适度集中进行农业产业规模经营；三是综合土地股份制，即以土地承包经营权、集体建设用地使用权、宅基地使用权等入股参与土地股份合作社经营分红。在农村土地股份制改革的具体经济组织形式上，主要有农民专业合作社、农村股份合作社、社区股份合作社、股份有限公司、有限责任公司等。

农村土地股份制改革的前置条件多。农村土地股份制改革一般要经过清产核资、资产量化、股东资格、股权配置、股权处置、经营管理、收益分配等环节，具体做法上各有特色。从目前来看，改革并非"面"满全国，而是"点"上开花，主要是推进农村土地股份制改革需要一定的前置条件。一是要产权基础好。产权明晰是市场交易的前提，只有土地产权清清楚楚，土地入股才能明明白白，改革才能顺畅。二是要经济基础好。农民有充分的非农就业机会，农业收入占比很低，这样农民对于发展规模化经营、提高农业现代化水平才会有内在需求。三是要产业基础好。产业与市场的结合才会催生效益，优势的产业和广阔的市场才能吸引到足够的劳力、资金等生产要素投入到土地规模化经营中去。四是要配套基础好。农村土地股份改革是以土地产权创新为核心的综合改革，需要土地整治、农业设施和农业配套服务和金融等方方面面的配套支持。

农村土地股份制是一场将资源变资产、资产变资本、资本变股份，带动人力、资本、资源等生产要素合理配置的产权制度创新。土地股份制改革量化了集体土地资产，分配股权使村民变成了股东，显化了原来笼统的农民集体所有的概念，确立了农民拥有土地资产和土地权利的主体地位。在推动农业规模化经营的基础上实现了农民增收和农业现代化，在推动城镇化和工业化快速前进的基础上支撑了城乡统筹发展。实践已经证明，农村土地股份制是社会主义市场经济条件下农村集体土地产权最大化实现的一种有效方式。

三、土地确权登记和土地整治中的权属管理更加严格规范，土地权益保障进一步加强

土地登记和土地权属管理是土地产权制度建设的重要内容。良好的产权登记应该是统一不凌乱、规范有秩序的，良好的产权管理应该是符合现代法治精神与权利人合法权益维护发展的要求的。朝着这个方向，2012年土地产权管理制度亮点纷呈。

不动产统一登记从基础研究走向实践试点和国家部署。自《国务院关于深化改革严格土地管理的决定》（国发〔2004〕28号）提出"国土资源部要会同有关部门抓紧建立和完善统一的土地分类、调查、登记和统计制度"的要求，特别是《物权法》"国家对不动产实行统一登记制度"的规定出台以来，国土资源部一直围绕土地统一登记开展研究和探索，颁布了《土地利用现状分类》国家标准，制定了《宗地代码编制规则（试行）》，形成了一批土地统一登记研究成果。在此基础上，国土资源部办公厅下发《关于同意开展完善土地权利制度和促进土地统一登记试点工作的复函》（国土资厅函〔2012〕347号），在地方探索土地统一登记，并提出"按照《物权法》确定的方向，逐步明确土地统一登记的范围和机构，确立土地统一登记办法，建立健全以土地为基础、适应社会主义市场经济体制的不动产统一登记制度"的试点目标。目前，试点工作正在顺利推进。2013年年初，《国

务院机构改革和职能转变方案》出台，方案提出"加强基础性制度建设，建立不动产统一登记制度"，"减少部门职责交叉和分散。房屋登记、林地登记、草原登记、土地登记的职责，整合由一个部门承担"。不动产统一登记进入国家部署、实质性推进阶段。

土地登记制度化规范能力和水平提升。土地登记的质量和规范化是土地登记工作的生命。2012年，国土资源部下发《关于规范土地登记的意见》（国土资发〔2012〕134号），对土地登记的关键环节和重要问题进行了规范。针对实践中出让合同或用地批准文件中约定或明确的土地用途有时不能与《土地利用现状分类》的地类一一对应的问题，提出依法批准用途与《土地利用现状分类》的二级类不对应的，须按照《土地利用现状分类》二级类重新确定归属地类，按照新归属地类办理登记，同时在土地证书"记事栏"内标注批准用途。针对国有建设用地使用权出让年限起算时点存在不够清晰的情形，提出应当依据出让合同的约定确定；合同没有约定或者约定不明确的，按照实际交付土地日期确定，实际交付日期以交地确认书确认的时间为准；对违法用地补办出让手续的，以违法用地处理意见确定的违法行为发生之日起算。鉴于地类重新认定、宗地调整等土地登记事项超出地籍业务部门职责范围，涉及多部门职能，提出建立土地登记会审制度，变一家管为多家管，保障土地登记的质量。

农村土地整治权属管理迈入规则治理轨道。土地整治权属管理就是在土地整治过程中涉及的土地所有权、使用权及其他权利的权属调整、调查确认，以及变更登记等行为。为加强农村土地整治权属管理，国土资源部下发了《关于加强农村土地整治权属管理的通知》（国土资发〔2012〕99号）。文件以维护权益和维护稳定为理念，在总体要求和基本原则中，明确要尊重农民群众意愿、保障农民群众参与，不得损害农民群众合法土地权益，不得强行进行权属调整；规定必须遵循自愿协商、公平公开和维护稳定等原则。对涉及土地权属调整的，要求土地权属调整方案应当征得涉及调整的土地权利人的同意，并规定公告等程序要求；还对集体土地所有权、集体建设用地使用权、宅基地使用权、土地承包经营权和地役权的调整进行了规范，以切实维护农民群众合法权益。进一步规范农村土地整治权属管理程序，为将土地权属管理工作贯穿农村土地整治全过程，针对整治项目在可行性研究、规划设计、项目实施和竣工验收等不同阶段的实际情况，分别明确了土地权属管理的工作内容和有关要求。突出土地整治权属管理的工作重点，做好整治前土地调查和确权登记工作，抓好土地权属调整方案的编制和报批，明确土地权属调整相关政策，及时做好整治后土地调查、确权登记和信息化建设工作等。

第二节 加强耕地保护，维护农民权益，完善农村集体土地征收补偿制度

我国土地资源相对匮乏的基本国情难以改变，而工业化、城镇化快速推进的发展阶段不能逾越。因此，保障发展和保护资源的双重压力和两难困境将在相当长的时期内存在。

我们既要有效保护资源，也要有力保障发展，必须科学研判经济发展形势，在理性分析现有技术水平和市场需求状况下，以尽可能优化的产业结构形态测算用地总规模，合理安排各个发展阶段的用地，这样既不失经济发展机会，又确实做到"各类建设少占地、不占或少占耕地，以较少的土地资源消耗支撑更大规模的经济增

长"。同时，我们要利用土地价格机制促进第二、三产业尽快转型升级，缩短我国进入后工业化时代的进程，将建设用地的峰值控制在合理的规模，确保粮食安全有足够的生产用地和"为子孙后代留下生存发展空间"。

农村征地补偿制度应包括耕地保护与农民权益保障两个层面。在我国耕地保护局面异常严峻的现阶段，讨论农村征地补偿制度的完善问题，应当把握两个层面：一是耕地保护意义上的补偿机制的完善问题；二是被征地农民权益保障意义上的补偿机制的完善问题。前者包括如何避免或者减少征用耕地、如何做到合法且合理征地，以及如何在征用耕地的同时切实保障复垦、补充耕地等视角；后者则包括如何完善对被征地农村集体组织及农民补偿的实体规范和程序规范，明确征地补偿的标准和方式、方法，从程序上和实体上做到充分尊重并切实实现被征地农民的权益。

征地制度改革必须以"切实维护群众土地合法权益""维护被征地农民合法权益"为出发点和落脚点，最终目标应该是：明晰和完善农民集体土地产权体系，以合理的补偿标准实现土地产权的转移，切实维护农民的发展权，有效保障合理的经济社会建设用地需求。

征地制度改革的关键是要在土地使用中实现社会效益和土地权益人利益的最大化。

首先，按照土地权益人利益不受损、发展权有保障的原则，完善征地制度。

一要实行"留地安置""换地安置"，即在征用土地范围内给被征地农民配置或者留用相应的建设用地，或将适当位置的土地与农民置换，作为农民生产发展用地，以保留一定比例的集体建设用地给被征地农民的方式缩小征地范围；二要在符合相关法规、规划和土地用途管制的前提下，按照市场评估地价，依法履行农村土地非农购置与出让，做好土地价值尤其增值部分的剥离与分割，运用市场机制促进城乡建设用地的优化配置，确保土地权益人利益不受损；三要严格按照十七届三中全会中提出的城乡同地、同价、同权，建立城乡统一的土地市场的指导思想，允许农村集体建设用地享有与国有建设用地同等的权益，可以通过土地使用权出让、产权交易、租赁、入股等多元方式积极参与生产经营建设，确保其可持续的生存和发展能力。允许城市规划范围内国有土地和集体土地两种产权并存，并应在《宪法》和《土地管理法》修订中逐步统一。

其次，鼓励推进多元化征地补偿机制探索，切实保障被征地农民的持续生存和发展能力。

在尊重农民意愿的前提下，除了采取货币和"留地安置""换地安置"补偿外，还要不断改革资源配置制度，根据被征地农村集体经济组织管理水平、经营能力等具体情况，明确将被征地农民能够经营好的行业、项目配置给他们。政府要根据社会经济发展的状况积极引导、组织、培育农村经济组织，针对适宜农村集体经济组织的产业项目制定倾斜政策，实现由农民单体发展向农民群体协同联动发展的转变，让被征地农民参与社会生产环节，从空间上积极引导集聚发展。要以地方法规的形式，明确给"留用地""置换地"配套相应的商业机会，以及将老百姓能够经营好、有稳定收入、风险小的发展机会交由村民经济组织经营，如房屋出租、绿化工程、填方工程、出租车、石料厂、混凝土搅拌等技术含量比较低的项目，保障他们获取持续稳定收益，充分分享工业化与城镇化的成果。

"不断提高征地补偿标准，确保被征地农民生活水平不下降，生活质量不降低，长远生计有保障"是中央精神的根本要求，也是市场化改革的基本准则。推进征地制度改革，着力点在于：一是以土地价格的形成理论为指导，构建新同地、同价、同权体系，对被征集体土地所有人的各项权利的内在价值、对因规划用途管制和公共设施建设辐射带来的土地增值等均进行全面核算，严格细化征地补偿标准；二是完善征地程序，积极推进征地前、中、后的全程监督监管，完善征地补偿款预存制度，择机在局部地区试点引入司法审查与申诉环节，探索征地救济制度；三是构筑征地共同责任机制，明确对政府、国土管理部门、农民集体、农民个人等不同主体在征地前、中、后各环节的法律责任，推进基层治理结构健全化；四是从不同土地价值构成、中央和地方不同层级出发，明确差别化不动产税费基准、水平和范围等，逐步缩小征地范围。

我国征地制度改革必须坚持循序渐进、稳步推进的原则，既要立足当前我国特殊的国情、民情，又要紧密结合我国国土资源产权、规划、市场管理和国家税费管理体制，对国外先进的经验和做法有选择地借鉴和吸收，真正选择一条适宜我国特点的征地制度改革方案，通过试点探索、过渡完善，逐步走上和谐征地、科学发展的轨道。

第三节 坚持搞好房地产市场调控不动摇，遏制房价过快上涨势头

一、土地市场调控要点

2012年我国土地制度建设以维护土地市场平稳运行为工作重点，坚持房地产调控政策不动摇，加大市场监测分析和分类指导力度，努

力稳定土地供应、严控异常交易、平抑市场波动。

（一）调预期，稳定供应量

一是加大土地推出力度，稳定市场预期，坚持房地产用地调控政策不动摇，根据房地产市场形势，合理调整普通商品住房用地供应，确保不低于过去5年年均实际供应，保持土地市场平稳运行。加强对闲置土地和各类违规违约用地行为的查处，促进已供土地开发利用。同时严格执行年度土地供应计划、倒排计划任务。

二是明确年度建设用地的供应总量、结构和布局，引导和约束土地需求，在推进土地有序开发、持续利用的同时，防止市场大起大落。特别是近年来强化了住房供地计划的编制、公布和实施，进一步明晰了住房用地供应总量，强化了结构控制，明确要求其中保障性住房、棚户区改造住房和中小套型普通商品住房用地不低于总量的70%，促进了地产市场健康平稳有序运行。

（二）均衡供地

土地市场做到均衡供应，立足当前，着眼后市，以逆周期的角度，保证持续稳定的土地投向市场，同时统筹安排土地供应结构，布局和时序。注重区域协调、远近兼顾；好坏搭配、价格全面；大小互补，显示差异；用途兼有、品种齐全。

（三）平抑价格预期

按照"事前研判、事中控制、事后引导"的思路，把握好土地出让节奏、时序和价格，确保地价变化在控制范围内。特别是在房价出现上涨、房屋供需矛盾比较突出的部分一、二线城市和"市场异动三类城市"，增加土地供应、弥补房屋、土地供给缺口，促进中长期市场平稳运行，促使房价稳中有降。减少对市场的误导和干扰：一是避免出现所谓"地王"误导市场；二是灵活使用多种竞价方式；三是进一步严格市场准入条件。

（四）完善保障性安居工程用地制度建设

一是单列计划，主动公开。每年均对保障性安居工程用地计划实行单列。2012年3月底，各省（自治区、直辖市）完成计划编制任务并向社会公开。

二是单独组卷，加快审批。按照现行土地管理法律法规，全国共有106个城市新增建设用地需报国务院批准同意。国土资源部单独组卷报批工作作为保障性安居工程用地落实的重点抓手。

三是指标单列，先用后销。2012年国土资源部在下达《2012年全国土地利用计划》（国土资发〔2012〕78号）时明确提出，报国务院批准城市新增建设用地的106个城市，所需的保障性住房用地计划指标经部审定后直接安排；其他城市的保障性住房用地计划指标，各省（自治区、直辖市）在下达的计划指标中先行安排，年内根据具体落实情况报部核销。上述措施确保了保障性安居工程用地指标需求。

（五）加强土地供后监管制度

一要健全房地产用地市场信息披露制度。首先，采取多种方式和渠道适时向社会公布城镇住房用地供应计划，已供土地的数量、结构、分布和开发建设进展状况等情况，以及土地供求、商品住房市场供求和土地、住房价格动态变化情况等基本信息，增强市场信息透明度，加强舆论引导，稳定市场心理预期，促进市场理性发展。其次，加大土地供应过程和结果的信息公开力度，从出让内容公开、出让过程公开、出让结果公开等方面去细化全过程监督，逐步实现土地二级市场转让信息公开化，依托中国土地市场网等网站向公众提供查询服务。再次，逐步与金融和证券部门建立信息互通机制，完善相应的诚信体系，研究建立违规企业数据库和禁入机制，规范企业市场行为。

二要强化土地供后监管和市场动态监测力度。首先，加强房地产用地批后使用的全程监管，强化土地出让合同约定内容的监督，探索项目开发建设动态巡查机制，实施建设项目开发竣工申报制度；强化闲置土地处置政策的执行，及时依法查处闲置土地，督促已批未建的普通商品住房项目尽快开工，打击囤地、炒地行为，并公开曝光。其次，完善土地市场动态监测制度，加强对城镇住房用地供需、地价、房价的动态变化情况等重要市场信息的监测分析，科学预测商品住房开发建设对土地的需求，及时把握房地产市场运行状况，准确判断房地产市场和土地市场走势，为政府宏观调控决策提供保障；要强化重点跟踪部分区域和城市的市场运行动态情况，密切关注土地市场的差别化趋势，适时适度进行调控。

（六）实行差别化供地政策

实行"有保有压、区别对待"的差别化供地政策，强化宏观调控力度。根据社会经济发展特征及住房建设规划的阶段性目标，适时调整房地产开发土地供应结构，优先满足普通商品住房建设合理发展的用地需求。发布《限制用地项目目录》和《禁止用地项目目录》，严格控制高档商品住房的土地供应，停止别墅类用地供应。对于中央明确的保障性住房建设任务，特事特办、加快审批。国务院批准用地城市按照规定要求，对保障性住房用地单独组卷，先行申报，对使用新增建设用地指标的保障性住房实行指标单列和快速审批，实行了保障性安居工程用地的先用后销政策。同时强化了土地供应的节奏控制，按月调度保障性安居工程用地的落实进度，实现了保障性安居工程用地应保尽保。

二、房地产宏观调控

第一，持续完善保障房自身建设及管理机制，充分发挥保障房作用。首先，将保障性住房建设纳入城市发展总体规划中进行统筹安排，在市政基础设施和公共服务配套完善的区域合理选址，若选址在城市发展新区，则必须要强化住房与配套同步规划、建设及投入使用，还应该在政策中明确对于位置偏远的保障性住房项目不立项不审批；其次，强化保障房工程质量管理，对出现质量违纪违规行为的单位要予以社会公示，依法依规进行严惩，并列入"黑名单"，在保障房项目招标中实行一票否决；再次，严格执行保障房准入资格审核及公示制度，对保障房申请信息造假者进行高额罚款及行政拘留等严厉的处罚；最后，对保障房实行动态管理，定期审核住户资质，通过停发租房补贴、收回住房、收取市场化租金、建立退出奖励机制等方式，建立起完善的退出机制，使得保障房资源可循环利用。

第二，加快推动"保障房＋商品房"双轨制住房体系的形成及良性发展。商品房应该遵循市场规律，政府应该减少直接的行政干预，应该通过从商品房市场获得的财政收益反哺保障房建设，实现保障房资金的落实和商品房市场的良性发展。建议提高各级地方政府用于保障房建设的支出比例，将目前土地出让金的10％提高到20％～30％用于保障房建设，并从房地产税费中提取一定比例的资金用于保障房建设及运营管理。

第三，减少流通税费，增加保有负担。在2013年3月1日公布的"新国五条"细则中，围绕房产税的表述并不多，"总结个人住房房产税改革试点城市经验,加快推进扩大试点工作。税务部门要继续推进应用房地产价格评估方法加强存量房交易税收征管工作"。

此前,公众对房地产调控的关注更多转向了二手房(房源、代理、租房)交易环节税收和二套房信贷政策上。在保证或者是能够提供充足供应量的前提下,要适时把成功的行政手段转为经济手段,因为行政手段虽然快、虽然有用,但是副作用也大,执行起来是有困难的。

调整房地产税收,把投资、投机性需求引导到两套房之内,使第三套房以上的房子失去过多的投资价值,这样的话就使得现在供不应求的局面能够得到扭转。大批的存量房,或者说多余的房子能够作为供应源,逐步地供应到市场中来,这样的市场是可持续发展、长期稳定的市场。

当前住房市场的主要矛盾是"三个不平衡",即住房资源占有、住房改善速度,以及大中小城市住房发展水平的不平衡,当前房地产调控政策的出发点就是要解决这些矛盾。首先,住房资源占有的不平衡。虽然目前我国人均住房面积达到 32.9 m^2,但有的家庭拥有很多套房,住房资源占有的不平衡,反映出的是居民家庭财富的两极分化。其次,住房改善速度的不平衡。一部分高收入家庭改善得比较快,近 10 年内换好多次房,住得很大、很宽敞、很豪华、很奢侈,一部分人改善速度很慢。最后,大中小城市住房发展水平的不平衡。一线城市和部分二线城市房价奇高,与人们购买力的差距越拉越大,有一部分供求矛盾始终难以缓解,而中小城市面临供应过剩的问题。政府目前就是要解决这些不平衡。解决这些矛盾包括两方面的政策:第一是真正有效地控制投机性需求,包括一部分过度投资的需求,防止家庭财富两极分化继续扩大;第二是切实满足城镇新增的自住性住房需求,保护和支持自住性需求。

第三章　我国土地和房地产市场政策环境分析

我国正处于城镇化快速发展时期，短期内热点城市和中心城市住房供求紧张格局难以根本改变，支持自住需求、抑制投机投资性购房是房地产市场调控必须坚持的一项基本政策。要保持政策的连续性和稳定性，严格执行并完善有关措施，促进房地产市场平稳健康发展。一是完善稳定房价工作责任制。各直辖市、计划单列市和除拉萨外的省会城市要按照保持房价基本稳定的原则，制定并公布年度新建商品住房价格控制目标，建立健全稳定房价工作的考核问责制度。二是坚决抑制投机投资性购房。严格执行商品住房限购措施，已实施限购措施的直辖市、计划单列市和省会城市要在限购区域、限购住房类型、购房资格审查等方面按统一要求完善限购措施，其他城市房价上涨过快，省级政府应要求其及时采取限购等措施。严格实施差别化住房信贷政策，扩大个人住房房产税改革试点范围。三是增加普通商品住房及用地供应。2013年住房用地供应总量原则上不低于过去五年平均实际供应量。加快中小套型普通商品住房项目的供地、建设和上市，尽快形成有效供应。四是加快保障性安居工程规划建设。全面落实2013年城镇保障性安居工程基本建成470万套、新开工630万套的任务，配套设施要与保障性安居工程项目同步规划、同期建设、同时交付使用。完善并严格执行准入退出制度，确保公平分配。2013年年底前，地级以上城市要把符合条件的外来务工人员纳入当地住房保障范围。五是加强市场监管。加强商品房预售管理，严格执行商品房销售明码标价规定，强化企业信用管理，严肃查处中介机构违法违规行为。推进城镇个人住房信息系统建设，加强市场监测和信息发布管理。

第四章

我国房地产用地剖析

第一节　历史回顾与总结

我国国有土地使用制度改革始于1982年。十四大以前的十年，土地使用制度改革主要是变无偿、无限期、无流动的使用制度为有偿、有限期、有流动的使用制度；十四大以后，进入以通过市场形成土地使用权价格、以市场配置土地资源为核心的全面建设土地市场阶段。改革的重点是不断扩大土地有偿使用覆盖面，建立健全公开、平等、透明的市场竞争机制，规范土地市场秩序。经过十多年的努力，土地市场体系特别是各项政策制度日趋完善，市场配置资源的基础性作用逐步得到有效发挥，土地参与宏观调控的作用明显增强。

我国城镇住房用地政策是国有土地使用制度改革的重要组成部分和主要内容。国有土地使用制度改革确立土地供给市场化、产权明晰化、使用有偿化的土地使用基本原则和制度，确立了城镇住房用地政策的基本方向，符合我国国情和经济社会改革发展的要求，符合我国住房制度改革和房地产市场发展的方向，有力推动了住房制度改革，促进了住宅产业和房地产市场的健康发展。

一、以市场配置土地资源为核心的土地使用制度改革推动了住房制度的改革

我国住房制度改革的基本目标是实现住房商品化、供给社会化和分配货币化，逐步建立适宜的城镇住房新制度，不断满足城镇居民日益增长的住房需求。这一政策目标与以市场配置土地资源为核心的土地使用制度改革的目标和方向是一致的，随着土地使用制度改革的稳步推进并逐步完善。

一是土地使用权物权化为住房商品化奠定了基础。土地作为房屋的载体，住房的商品化必须以土地要素的商品化为前提，土地的配置在一定程度上影响着住房的建设和分配方式。土地使用制度改革实现了在坚持土地公有制前提下，土地使用权与所有权相分离，并在法定条件下可以流转，使作为居民生活资料的住房的商品属性得以完全实现，纳入市场经济轨道，通过市场进行配置，发挥市场对住房分配的基础性作用；土地使用权物权化，使住房及其土地使用权成为居民可以拥有和处置的财产，不仅可以居住，而且可以流通，为住房的商品化奠定了基础。

二是土地供应的市场化为住房商品化和社会化创造了条件。住房的商品化和社会化主要是通过住宅产业化来实现，要求住房开发建设和供应主体的社会化、多元化，使住房建设由某个单位的内部事务转化为以土地和建筑为对象的专门产业，建立从土地取得、建筑开发到

房产销售、管理的专业化生产服务体系。土地资源市场化配置促进了土地投资、住房开发建设主体社会化、多元化，为住宅产业社会化发展创造了条件。

三是土地使用制度改革促进了住房供给社会化程度逐步提高。我国的住房政策经历了由政府、单位统一建设和分配为主到停止住房分配、推行公有住房出售，到1998年的以经济适用住房供应为主，再到2003年的"逐步实现多数家庭购买或承租普通商品住房"的漫长改革过程。近年来，随着土地市场和房地产市场的发展，市场形成土地价格的竞争机制逐步建立，土地资产的价值效益日益强化，各地进一步加大改革力度，因地制宜地调整完善住房供应政策和住房保障政策，逐步取消或压缩经济适用住房供应，改用土地出让收入发放住房保障补贴，以有限的土地资源解决更多困难家庭的住房保障，取得明显成效。目前，经济适用住房供应的比例已呈逐年下降趋势，商品住房特别是中小户型普通商品住房供应量逐年加大，住房供应的完全社会化、市场化程度越来越高，低收入困难家庭的住房保障率逐年提高。

二、土地使用制度改革促进了住宅产业与房地产市场的繁荣和健康发展

随着土地使用制度改革不断深化，作为土地使用制度重要组成部分的城镇住房用地政策也不断发展完善，促进了住宅产业的繁荣和房地产市场的健康发展。

一是土地的市场化配置促进了公开、公平、公正和竞争有序市场环境的逐步形成。我国城镇住房用地的土地供应方式经历了从全部无偿划拨到以协议出让为主，再到以招标、拍卖、挂牌出让为主的改革

发展历程。与之相对应，土地使用权价格的市场形成机制不断完善成熟，市场机制特别是竞争机制配置资源的基础性作用得到更充分的发挥。实践证明，国有土地招标拍卖、挂牌出让制度是适应我国国情的最有效的土地资源配置方式。第一是有利于充分提高分配效率和土地利用效率；第二是有效抑制了土地寻租等腐败行为；第三是降低了市场交易成本和管理成本；第四是避免了国有土地资产流失；第五是增强了政府调控市场的能力，为房地产投资和土地开发创造了更加公开、公平、公正和竞争有序的市场环境，保障了房地产市场的平稳运行。近几年，招标拍卖、挂牌出让比例逐年增加。2005年全国招标拍卖、挂牌出让的面积达到 5.72 万 hm^2，与 1992 年相比，招标拍卖、挂牌出让面积占同期出让总面积的比例由不足 1% 上升到 35.1%，招标拍卖、挂牌出让金额占同期出让金总额的比例从不足 1% 上升到 71.2%。目前，除按法律规定实行划拨供地的以外，城镇住房用地基本实现了招标拍卖、挂牌出让。

二是土地的有偿使用为房地产市场的健康发展提供了资金支持。一方面，显化了土地资产。随着改革的深化和市场化配置程度不断提高，土地资产逐步显化，土地收益随之不断提高，成为城市建设的重要资金来源。据统计，"十五"期间，全国收取土地出让金累计超过 2 万亿元，绝大部分用于城市基础设施和公共设施建设，改善了城市投资环境，带动了房地产投资，促进了房地产业的加快发展和居民居住条件的改善。另一方面，拓宽了融资渠道。土地使用权抵押成为房地产融资的重要手段，扩大了房地产开发资金来源。2004年，全国抵押土地的面积约为 342.28 万 hm^2，抵押贷款总额约为 10 955.4 亿元，占当年固定资产投资总额约 15.5%，在资金上有力支撑了房地产业的发展。

三是土地供应为改善城镇居民住房条件做出了贡献。20 世纪 90

年代以来，随着社会经济的发展，在土地供求紧张、矛盾日益突出、供给压力逐步加大的形势下，为满足城镇居民日益增长的住房需求，国家不断调整土地供应政策，适时扩大住宅房地产开发用地供给，基本满足了房地产开发用地的需要，有效保障了城镇居民住房的供应，为改善城镇居民住房条件做出了贡献。从人均住房面积看，全国城镇人均住宅建筑面积已由1980年的不足5 m^2 提高到2005年的26.11 m^2，已经接近小康住房面积标准；从土地供应看，仅2003~2004年间全国就供应住宅用地12.34万 hm^2，按照平均容积率1.0计算，可开发建筑面积123 400万 m^2，远超过同期住宅新开工建筑面积（91 802.9万 m^2）和竣工建筑面积（68 451.8万 m^2）。

三、土地政策已经成为调控房地产市场的重要手段

从1993年开始，围绕宏观经济运行中出现的房地产投资过度膨胀、土地供应失控、市场结构不尽合理、价格增长过快和过量占用浪费土地等问题，按照党中央、国务院确定的改革发展和宏观调控方针政策，从规范土地市场和房地产市场秩序，保障经济社会健康协调发展的长远要求出发，适时出台一系列配套政策和措施，逐步建立了一整套规章制度，使政府调控房地产市场的手段不断完善、调控能力不断提高，保障了房地产市场的平稳安全运行。

（一）土地市场建设各项制度逐步健全

一是建立了以用途管制为核心的总量控制制度，加强对土地市场和房地产市场的宏观调控。总结20世纪90年代初房地产过热的教训，确立了新的土地用途管制制度。严格土地利用总体规划和土地利用年度计划管理，严格控制农用地转为建设用地。二是确立了土地供

应的集中统一管理制度，维护土地市场和房地产市场秩序，同时建立了集体决策，规范行政审批行为。三是建立了土地使用权公开交易制度，努力构建公开、公平、公正和竞争有序的市场环境。一方面，推进和实施房地产开发等经营性用地招标、拍卖或挂牌公开出让制度；另一方面，全面加强土地有形市场建设，规范土地交易行为，遏制权力寻租和腐败，降低市场交易成本。四是构建土地权利体系，并随着房地产市场的发展进一步细化和明确。完善土地登记和信息查询制度，充分发挥土地登记在市场监管和产权保护中的作用，保障了市场交易的安全。五是建立土地市场动态监测制度，加强了对土地供应总量、结构、价格等的监测分析和信息发布，强化了基准地价定期更新和公布，不仅为各种市场交易行为提供价格参考，也为政府管理调控土地一、二级市场提供了法定的价格基准。六是培育和发展了土地估价、咨询、交易代理等中介服务行业，市场服务体系逐步形成，保障了土地市场和房地产市场的规范运行。

（二）土地供应政策和调控手段日趋完善

一是严格实行房地产开发土地供应总量控制。对房地产开发新增用地，严格按照土地利用总体规划和土地利用年度计划实施，有效控制占用耕地。实施房地产开发土地供应年度计划管理，组织市、县编制年度房地产开发土地供应计划，将同一城市范围内的各类房地产开发用地纳入统一供应渠道。二是实行"区别对待、有保有压"的供地政策。优化房地产开发土地供应结构，合理确定普通商品住房用地在年度房地产开发土地供应计划中的比例，优先满足普通商品住房建设合理发展的用地需求。对普通商品住房供不应求、房价涨幅过快的城市，适时调剂增加土地供应量；对土地供应过量、闲置土地过多的地区，则限制新的土地供应。严格控制高档商品住房的土地供应，停止别墅类用地的土地供应。三是加强房地产开发用地监管，依法查处越权批地、利用集体土地变相搞房地产开发，以及房地产开发企业与集体经济组织私下协议圈占土地等违法、违规行为；加强土地使用合同监管，严禁擅自改变土地出让合同约定的土地使用条件；加强批后监管，建立了建设用地备案制度，制定了闲置土地处置办法，加大了对闲置土地的查处力度。

（三）土地政策调控房地产市场的作用效果明显

上述制度的建立和宏观调控政策措施的实施，使得土地政策在房地产市场调控中发挥着越来越重要的作用，效果越来越明显，已经成为房地产市场调控的重要手段。突出表现在：通过控制房地产开发用地供应总量，房地产投资增速过快得到遏制；通过调整房地产开发用地供应结构，促进了住房供应结构的优化和住房价格的稳定；通过控制增量、盘活存量、加强闲置土地的处置清理，强化用地监管，住房开发建设节约集约用地程度有所提高；通过推进土地市场动态监测和信息公开，政府把握和引导土地市场的能力得到增强，有效防止了楼市大起大落。

综上所述，城镇住房用地政策的形成和发展，是土地、住房、财税、金融、社会保障等多项制度和政策相互作用的结果，与住房制度改革的方向基本一致，符合我国国情和住宅产业、房地产市场发展的需要。但随着市场经济体制改革、土地使用制度改革的深化和经济社会的发展，城镇居民住房消费观念、模式和房地产市场发展的形势也发生了很大变化，在土地资源约束矛盾日益突出的新形势下，城镇住房用地政策还存在一些需要进一步调整和完善的问题。

一是市场机制发挥作用受到制约。为适应现行住房供应政策，目前实行的是商品住房用地以市场化方式配置，保障性的经济适用住房和廉租住房用地以划拨方式提供，土地供应方式上存在"双轨制"。由于住房保障政策目标定位不明确、保障范围过宽，集资合作、单位自建房等行为不规范，缩小了土地和住房市场化配置的覆盖面，制约了市场机制作用的充分发挥，不利于土地资源配置效率和利用效率的提高。同时也为少数人提供了投机和寻租空间，非法享有了带有保障性质的经济适用住房和划拨用地政策，造成资源分配上新的不公。

二是利用粗放、浪费土地资源现象依然严重。土地供应对住房建设和消费约束不够，经济适用住房、普通商品住房建设标准过高，别墅等大量占用土地资源，住房消费脱离中国国情，造成了土地利用粗放。房地产开发企业以各种方式变相囤积土地的现象比较普遍，土地闲置浪费现象仍很严重，城镇市政设施、工业等用地规划布局不合理，配套设施不完善，造成商业、住房用地比例偏低，或影响土地开发利用深度，也妨碍了住房用地利用效率的提高。

三是土地对房地产市场的宏观调控作用有待进一步发挥。一些地方存量土地交易和开发利用行为不规范造成分散多头供地，弱化了土地的集中统一管理，扰乱了土地市场和房地产市场正常秩序。土地利用总体规划和计划对土地供应总量的约束作用发挥不充分，住房分类标准不明确，制约有保有压、区别对待的土地供应政策的有效实施。土地出让前规划条件不明确，造成套型面积、比例等调控要求难以落实。住房用地供应后，对土地开发利用情况的监管力度不够，市场交易信息披露不充分，错误信息和言论误导舆论，影响市场预期等。

第二节 改革完善城镇住房用地政策的基本原则和政策目标

我国是人口大国,人多地少、耕地资源匮乏是我国的基本国情。到 2005 年末,全国耕地面积只有 18.31 亿亩,人均仅 1.4 亩。与 1996 年的 19.51 亿亩相比,9 年中全国净减少耕地 1.2 亿亩,约占全国耕地总量的 6%,耕地面积下降趋势日趋严重。从保障国家粮食安全、经济安全的要求出发,必须保持足够数量的耕地,确保粮食生产能力稳定,实现粮食基本自给。根据《国民经济和社会发展第十一个五年规划纲要》确定的目标,"十一五"末,全国耕地保有量必须保持在 18 亿亩的水平。保护耕地的任务十分艰巨。

长期以来,我国经济快速增长,主要是靠大量耗费国土资源实现的。在一味强调发展的背景下,违法违规占用土地、粗放利用土地的现象相当普遍,加剧了土地需求和资源约束的矛盾。据调查,截至 2004 年末,全国城镇尚有闲置土地、空闲地、批而未供地近 400 万亩,相当于现有城镇建设用地总量的 7.8%。土地闲置浪费和低效利用现象依然突出。

"十一五"期间,我国社会经济仍将处于快速发展阶段,随着人口总量持续增长,工业化和城市化进程加快,城乡居民消费结构升级,工业、城镇、基础设施、环境整治等各类用地需求将继续保持增长态势。新一轮土地利用总体规划编制过程中,各行业提出的用地需求总量已经大于国土面积。按照中央的部署,《全国土地利用总体规划纲要(2006~2020 年)》确定的"十一五"期间全国城镇工矿用地增量为 111.37 万 hm² 左右，年均仅 22.27 万 hm²（334.05 万亩）。可见，在今后相当长时期内，耕地资源保护形势将更加严峻，土地供求矛盾更加尖锐。

因此，改革完善我国城镇住房用地政策，必须立足于基本国情，正确确立政策的目标定位，按照建立资源节约型社会的要求，走可持续发展的道路。

一、基本原则

完善我国城镇住房用地政策，必须毫不动摇地贯彻以下最基本的原则。

（一）坚持总量控制和集中统一管理原则

土地供应总量控制和集中统一管理，是政府对土地利用进而对宏观经济进行合理调控的重要手段。在人多地少的基本国情下，有限的土地供应必须优先保证最基本的合理需求。只有在严格控制总量和集中统一管理的前提下，才能有效引导和约束土地需求，优化土地的空间布局和结构，堵截各种不良用地行为，避免楼市大起大落，推进土地有序开发和持续利用，促进房地产市场健康平稳运行。

（二）坚持节约、集约用地原则

温家宝指出，解决土地供求矛盾，要着重在提高现有土地利用率上下功夫，把节约土地放在首位。在我国资源国情条件下，缓解土地供求矛盾，减少对耕地占用的压力，以有限的土地资源保障经济发展用地的合理需求，最根本的出路，一是有效抑制过度膨胀的不合理消费；二是在集约挖潜和提高利用效率上下功夫。因此，必须建立健全约束机制，引导各项建设自觉节约集约用地。发展住宅产业和房地产市场，保障城镇居民基本住房需求，必须坚持节约集约用地的原则，走资源节约型可持续发展的道路，促进住房开发建设向"面积不大功能全，占地不多环境美"的方向转变。

（三）坚持土地资源市场化配置的原则

土地市场和房地产市场形成和发展的实践证明，运用市场竞争机制配置资源，是配置效率最高、利用最充分、最有效的土地供应方式，符合我国国情和市场经济的原则，必须坚定不移地长期坚持下去。土地市场和房地产市场不断发展完善的过程，是以市场经济原则不断推进制度创新的过程。改革完善城镇住房用地政策，解决发展中遇到的各种问题，只有坚持这一原则，才能不断适应社会经济发展的需要。

二、指导思想和政策目标

我国城镇住房用地政策的指导思想和政策目标是：坚持以全面落实科学发展观和建立资源节约型、环境友好型社会为指导，以严格保护耕地和节约集约用地、保障经济社会发展合理用地为根本任务，以市场配置资源为主的政策目标为方向，继续深化土地使用制度改革，完善各项制度和政策，规范土地市场秩序，充分发挥土地"闸门"的宏观调控作用，缓解土地供求矛盾，努力实现住房用地供需总量基本平衡、结构基本合理、价格基本稳定，以有限的土地资源最大限度地满足人民群众适度消费的住房需求，促进社会和谐发展。

第三节　建立我国房地产用地的具体手段

一、完善土地供应方式，积极推动住房制度改革

"十一五"期末，逐步实现土地供应方式由出让、划拨并存的"双轨制"向全面实行市场配置的"单轨制"转变。对经济适用住房和廉租住房等社会保障性住房用地不再以划拨方式提供，一律通过市场竞争方式供地，促进适应不同梯度消费需求的商品住房体系的建立，推进住房商品化、供给社会化和分配货币化住房制度改革基本目标的完全实现。对低收入家庭的住房保障，按照现行廉租住房租金补贴的做法，全部实行货币化补贴，承租普通商品住房。

现阶段，按照"逐步实现多数家庭购买或承租普通商品住房""建立和完善适合我国国情的住房保障制度"的要求，对现行城镇住房用地的供应做如下调整：销售型商品住房一律采用招标拍卖挂牌方式供地；"只租不售"，专项用于社会保障的保障性租赁型商品住房，可以划拨方式供地。划拨供地时，严格将套型结构限定在中小户型，明确规定所建房屋为"只租不售、定向租赁"的租赁型保障性住房，禁止出售。自2008年1月1日起，原则上不再以划拨方式供应经济适用住房和廉租住房用地。

二、充分发挥规划计划的约束和引导作用，科学调控住房用地供应规模和结构

第一，严格规划实施管理。强化土地利用总体规划的用途管制作用，在总量上严格控制农用地和未利用地转为建设用地的规模，严禁违反土地利用总体规划和城市规划进行住房项目开发。限制新增建设用地用于住房建设，鼓励转向利用存量土地。严禁以"以租代征"等各种方式侵占农民集体土地开发建设城镇住房。

第二，强化土地供应计划的引导作用。进一步完善城镇住房用地供应计划管理制度。市、县都必须依据年度农用地转用计划、存量建设用地状况和住房市场供需状况等，科学编制住房建设用地年度供应计划，并在年初或上年年底向社会公布。住房用地年度供应计划要对高档商品住房、普通商品住房和社会保障性住房用地实行分类控制，合理确定数量、布局、结构和供应时间，并落实到具体地块。加强住房用地集中统一管理，各类住房用地都必须纳入年度土地供应计划。

三、实行有保有压的土地供应政策，重点保障中小户型普通商品住房用地供应

第一，维护更加公开、平等的土地市场秩序。逐步改变以开发资质为条件、单一向房地产开发企业提供土地开发建设住房的做法，允许并支持住宅合作社、个人联合组织和基金、社会福利机构等通过平等竞争取得土地开发建设住房，实现土地开发和住房建设主体多元化，保障城镇居民自主选择购房和建房的权利。通过竞争，有效降低住房开发建设成本，稳定房价，维护广大城镇居民的利益。

第二，优先保证中小户型普通商品住房用地供应。采取有效措施，提高中小户型普通商品住房用地供应的比重，重点支持和保障满足大多数家庭基本住房需求的中小户型普通商品住房用地的优先供应。对普通商品住房供不应求、房价涨幅过快的城市，可以适当调剂增加土地供应。

第三，合理确定保障性住房用地供应规模和布局。根据城市住房保障政策目标、保障对象的范围和规模、住房保障面积标准、需求总量等，在年度土地供应计划中合理确定土地供应量，并按照方便群众生活的原则优化布局，落实到地块。

第四，严格限制低密度、大套型和高档商品住房用地供应。对纳入《限制用地项目目录》的低密度、大户型住房用地，从供应时间、供应速度、供应区位、供应条件和供应程序等方面从严控制；对别墅类等脱离国情、大量消耗土地资源、属于过度消费的住房用地，纳入《禁止用地项目目录》。

四、严格住房用地供应标准和条件，促进节约集约用地

第一，合理控制土地出让规模。根据土地供应对象多元化的需要，合理确定适应不同土地使用者开发建设住房要求的宗地出让规模。严格控制以成片开发为目的的大宗土地出让，防范住房开发用地被区域性垄断，制止开发商变相囤积土地，避免开发企业通过滚动开发、分期销售、逐期涨价的方式推动住房价格过快上涨。在住房、住房用地价格上涨过快的地区，适当增加土地供应的宗数，控制单宗土地出让面积规模，加快住房有效供应，压缩开发商获取土地增值的空间。

第二，进一步严格土地供应条件。对普通商品住房和保障性住房

项目供应土地时，要明确设定住房套型面积控制标准、建套率、容积率、建筑高度、开竣工时间等规划、建设和土地使用条件，作为土地出让和划拨的前置条件，并在土地出让合同和《国有土地划拨决定书》中载明。

第三，提高住房用地开发利用强度。在符合规划的前提下，进一步优化设计，适度提高住房用地的建筑密度和容积率，严格控制套型面积、建套率，降低户均住房用地面积，鼓励以有限土地开发供应更多的住房套数。

五、积极培育和规范土地二级市场，加强住房用地批后使用的全程监管

第一，培育和规范土地二级市场。按照"控制总量、严管增量、盘活存量"的原则，在土地来源合法、权属清楚、符合规划并纳入统一的土地供应计划的前提下，存量土地的土地使用权人可以在土地有形市场内采取招标拍卖挂牌等公开方式依法自主转让。进一步明确政府土地优先购买权的行使条件、范围和程序，完善土地收购储备制度，对违法违规、低价转让等冲击土地市场的交易行为，可以由政府优先收购纳入土地储备。企业间收购股权涉及土地转让的，一律进入土地有形市场公开交易。

第二，加强住房建设用地批后使用的全程监管。一是加强土地使用合同管理。土地使用权出让合同和《国有土地划拨决定书》中，要明确约定规划、建设要求和土地使用条件及相应的违约责任，对不按约定进行开发建设的，追究用地者违约责任。二是严格闲置土地处置政策规定。修订《闲置土地处置办法》，提高闲置土地费收取标准，进一步明确无偿收回土地使用权的条件和强制收回的政策规定。公开

曝光违反合同规定、囤积土地的开发企业，限制其参加土地竞买。三是严格土地登记管理。对违反招标拍卖挂牌出让规定、改变规划用途和条件、未按住房套型面积和销售价位等限制性要求建设和销售的，一律不予办理土地登记或分割登记。

六、加强土地市场动态监测分析，加大市场信息披露力度

第一，完善土地市场动态监测制度。加强对城镇住房用地供需、地价、房价的动态变化情况等重要市场信息的监测分析，科学预测商品住房开发建设对土地的需求，及时把握房地产市场运行状况，准确判断房地产市场和土地市场走势，为政府宏观调控决策提供保障。

第二，健全市场信息披露制度。采取多种方式和渠道适时向社会公布城镇住房用地供应计划、已供土地的数量、结构、分布和开发建设进展状况等情况，以及土地供求、商品住房市场供求和土地、住房价格动态变化情况等基本信息，增强市场信息透明度，加强舆论引导，稳定市场心理预期，促进市场理性发展。

第四节　我国房地产用地未来走势分析

一、调整住房发展政策目标，构建科学合理的住房供应体系

第一，明确城镇住房政策目标。在资源约束和国家财力有限的条件下，按照住房商品化、供给社会化和分配货币化的原则，调整住房

供应体系。今后，城镇住房统一定性为商品住房。商品住房原则上分为两大类，一类为完全市场化的住房，一类为保障性住房。保障性住房不得销售，只能面向低收入困难家庭出租。完善住房保障制度，对低收入家庭，改变现行经济适用住房"实物补贴"方式，采取发放租金补贴租赁保障性住房的方式解决住房保障问题。

第二，构建中小户型普通商品住房为主的住房供应体系。加快发展适应我国国情的中小户型普通商品住房，提高其在市场供应中的比例。合理确定商品住房分类划分标准。对高档、低密度和大户型商品住房比例过高或积压严重的地区，严格控制或暂停审批新开工建设。

第三，严格社会保障性住房的管理。保障性住房严格实行"只租不售、定向租赁"，建设标准严格限定在中小户型，租赁对象明确限定在低收入保障人群，租金标准和补贴标准由政府核定，定期调整。建立退出机制，保障性住房的承租人只能自住，不得转租。鼓励开发商和基金、社会福利机构等社会组织参与开发建设只租不售的保障性住房，政府在土地、信贷、税收等方面给予优惠政策支持。改革现行管理体制，将住房保障纳入社会保障体系统一管理。建设部门负责保障性住房开发建设的管理，民政部门负责保障对象的条件核定和监管，财政部门负责标准核定和补贴发放。

第四，活跃住房二级市场形成有益补充。积极发展住房二级市场，扩大住房市场有效供应，引导居民通过换购、租赁等方式改善居住条件。清理影响已购公有住房上市交易的政策性障碍；降低二手房交易门槛和税费标准，放宽二手房抵押按揭的政策性限制条件，简化交易手续。

二、科学制定城镇住房发展规划，促进住房建设和消费向适应我国国情的节能省地型住房转变

第一，科学制定城镇住房发展规划。根据国民经济和社会发展规划、土地利用总体规划和城市规划，科学编制城镇住房专项规划和中长期发展规划，在住房状况普查的基础上，对城市住房总量、结构、区域分布、居住模式等进行长远规划，对空间布局、建设进度进行合理安排，按照住房保障的政策目标对保障性住房建设规模、适用标准、对象进行科学核定。

第二，制定适应资源国情的住房建设标准。针对不同经济发展水平和不同土地资源条件的地区和城市，按照建设和谐社会和节约集约用地，满足梯度消费和房屋基本使用功能的原则，分类制定不同地区、城市康居目标的人均住房面积控制标准，明确不同类型住房，特别是中小户型普通住房套型面积控制标准。严格设计规范和实施管理。通过适当提高容积率和合理控制住房面积标准，提高单位土地上的住房建套率，从源头环节鼓励住房建设和消费向节能省地型住宅转变。

三、充分发挥金融杠杆的调节作用，实行有区别的住房消费信贷政策

第一，加强对房地产开发和个人住房抵押贷款的信贷管理。一是严格执行项目资本金制度，适度提高房地产企业项目资本金比例，严格银行发放贷款条件；二是为抑制房地产开发企业利用银行贷款囤积土地和房源，对空置3年以上的商品住房，商业银行不得接受其作为

贷款的抵押物；三是加强转按揭管理，禁止商品住房预购人将购买的未竣工预售商品住房再转让；四是银行对购买未竣工验收住房的个人不能发放住房贷款。

第二，实行有区别的住房消费信贷政策。进一步完善有关金融政策，对购买第一套中小户型自住普通商品住房的个人予以适当扶持，实行按揭最低首付款比例政策，并在贷款利率上予以优惠，提高大多数居民购买自住房的支付能力。严格限制大户型、低密度、高档商品住房和别墅等项目开发和按揭贷款，从政策上引导、鼓励房地产开发企业开发建设适合大众需求的住房，改善市场供需关系。

四、运用财税政策引导合理投资和消费

第一，探索建立城镇住房保障基金。调整土地收益分配，提取土地收益一定比例作为住房保障资金，用于发放租金补贴。从长远目标看，应通过财政专项支出，将政府土地收益的一部分、住房公积金增值部分、政府收入税前扣除部分用于建立专用、稳定的城镇住房保障基金。规范基金使用范围，按照专款专用的原则，实行财政专户管理，专门用于低收入困难人群的住房保障。同时，要建立有效的退出机制。

第二，加快房地产和土地税制改革。一是改革现行的房产税和土地使用税，适时开征不动产税（物业税），加大土地保有成本，建立资源占用的约束机制，引导合理消费；二是归并和调整土地、房屋流转环节的税种，减轻税负，鼓励流转，进一步放开土地使用权和二手房转让市场；三是适时对低密度、大户型等大量占用和消耗资源的高档住宅开征高档住宅税，实行累进税率，缩小高档商品住房和普通商品住房开发项目的利润差距，有效控制住房建设标准，抑制过度消费和资源分配不公，节约集约利用土地。

第五章

当前房地产市场判断

从 1998 年至今我国房地产市场快速发展,有效增加了住房供给,改善了城镇居民住房条件,带动了相关产业,为国民经济较好较快发展做了贡献。

第一节 我国房地产市场现状

一、城镇居民住房条件显著改善

2012 年,城镇常住人口人均住房面积 32.9 m^2,住房自有率接近 90%,成套住房面积占比超过 80%。除少数城市外,总体上城镇居民住房条件已超过人均 30 m^2 的小康标准。

二、城镇低收入家庭的住房困难问题接近解决

从 2007 年开始国家加大了保障性安居工程建设力度,"十一五"期间全国开工建设各类保障性住房和棚户区改造住房 1 630 万套,基本建成 1 100 万套。随着"十二五"期间 3 600 万套的保障房建设任务逐步落实,城镇户籍住房困难家庭和常住非户籍低收入家庭的住房保障问题总体上将得到全面解决。

三、近年来房价地价过快上涨势头有所遏制

在宏观经济持续向好、城镇化快速推进、货币供应持续增发、房价上涨等诸多压力的背景下,通过遏制不合理需求,增加有效供应,优化调整结构,近几年房价地价增幅较前几年显著降低。2007 年商品住宅房价年度增长率为 16.9%,2012 年降为 8.8%;2007 年住宅用地地价年度增长率为 15.4%,2012 年降为 2.3%。

四、市场秩序进一步规范

以规范商品房和房地产用地交易秩序为目的的调控政策明显改善了房地产交易市场秩序。公开房源、一房一价,对存在捂盘惜售、囤积房源、哄抬房价等行为的房地产开发企业加大曝光和处罚力度,加快了住房供应速度。严格依法查处土地闲置及炒地行为,促进企业加快已购土地开发利用,截至 2012 年年底全国闲置房地产用地 1.12 万 hm^2,比往年有明显减少。

第二节 当前和未来一段时期我国房地产市场面临的主要问题

经过十几年的发展,房地产总量短缺的局面得到根本扭转。但是,房地产市场发展区域不平衡,一、二、三级市场发育不均衡,资源利用粗放,占有不公平等问题始终存在,尚未得到明显改善。除了人口、资金、公共服务等过度向重点城市集中等外部原因以外,在一定程度上也与房地产市场管理调控政策体系不完善有关,包括:因底数不清,供给与需求难以无缝对接;住房供应体系复杂,相互不连通,增加了监管成本;调控政策倾向"重增量、轻存量","重取得、轻保有",降低了资源利用效率;调控经济手段效用不明显,逆周期调控机制尚未建立等。

因此,今后一段时期,建立房地产调控长效机制、促进房地产市场健康平稳发展、为社会经济发展继续做出应有贡献,需要对现有调控体系进一步完善,另外还需研究并统筹解决好以下几个问题。

一、有效甄别改善性需求与投资投机需求

鼓励居民进一步改善居住条件。在目前人均住房面积已达小康标准、户均住房已达 1.02 套的情况下,除了优先保障主要来自城镇新增人口(包括户籍、非户籍)的刚性需求外,应适当鼓励城镇居民改善居住条件。因为随着人均收入水平的不断提高,改善性需求将是未来房地产业发展的主要动力,有必要调整完善现有政策,实现对改善

性需求、投资投机性需求的差别化调控。

二、解决好各类保障性住房和政策性住房的管理问题，实现可持续保障

过去几年政府对各类保障性住房和政策性住房开发建设投入了大量资金，土地大多采用划拨方式供应或以"实物地租"方式补贴。因产权不清晰、退出机制不健全，不仅给前期开发建设投融资和后期监管增加了难度，也给不同类型房屋之间的有序流转制造了产权障碍；另外，给政府财政造成了很大压力，包括过去几年大量已开工建设形成的存量及后期需要新增建设的。

三、解决好存量再利用问题，实现资源可持续利用

由于资源环境制约，一、二线城市可供开发的空间有限，今后几年住房供需矛盾可能仍比较突出；另外，一些地方将会面临已出让住宅用地使用权到期问题。因此，调控重点应更多地转向存量释放，包括调节住房分配消费、促进存量房进入市场、存量土地再利用、住宅用地续期等，以实现资源的可持续利用，促进财政收支平衡。

第六章

货币宽松政策对房地产市场的影响

我国广义货币（M2）一直保持快速增长，远远超过我国GDP增长速度，2016年3月末超过100万亿元，作为吸纳超发货币的主要渠道之一的土地市场，如何应对世界第一大规模的货币存量，防止房地产市场的泡沫，本书进行了比较深入的分析，并就土地市场宏观调控提出了相关的对策措施。

中国人民银行2013年3月10日发布的统计数据显示，2013年2月末，我国广义货币（M2）发行量余额达到99.86万亿元，同比增长15.2%。

广义货币（M2）是一个经济学概念，和狭义货币相对应，是货币供给的一种形式或口径。

第一节 我国广义货币（M2）发行量现状

一、我国 M2 存量规模稳居世界第一

2012 年我国 M2 存量为 97.42 万亿人民币，是美国的 1.5 倍，是欧元区的 1.3 倍，是日本的 1.7 倍，如图 6-1 所示。

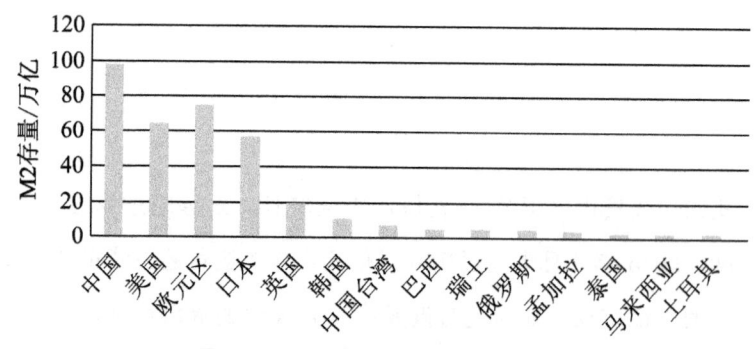

图 6-1 2012 年各国及地区 M2 存量

全球范围来看，在新增的货币供应量上，中国已连续 4 年贡献约一半。根据渣打银行 2012 年的报告，金融危机爆发以后的 2009～2011 年，全球新增的 M2 中，人民币贡献了 48%；在 2011 年贡献率更是达到 52%。这样的增长规模和态势在世界各国经济发展史上都是少有的。其中 2012 年我国新增 M2 达 12.26 万亿元，在全球新增 M2 中占比达 46.7%，如图 6-2 所示。

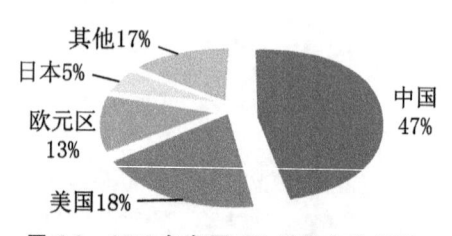

图 6-2 2012 年各国 M2 增量占比/万亿

二、我国 M2 增长速度大大超过 GDP 与通货膨胀率总和

按照经济学解释，每年 M2 的增长速度大体上等于 GDP 的增长速度加上通货膨胀率，而我国从 1994~2012 年来看，M2 增长速度一直超过 GDP 与通货膨胀率之和，尤其是 2009 年两者差距达到 14.2 个百分点。1994~2012 年，我国 M2 增速年均在 19% 左右，同期 GDP 和通货膨胀率增速分别是 9.9% 和 4.5%，M2 增长速度超过 GDP 和通货膨胀率总和近 4.5 个百分点，如图 6-3 所示。

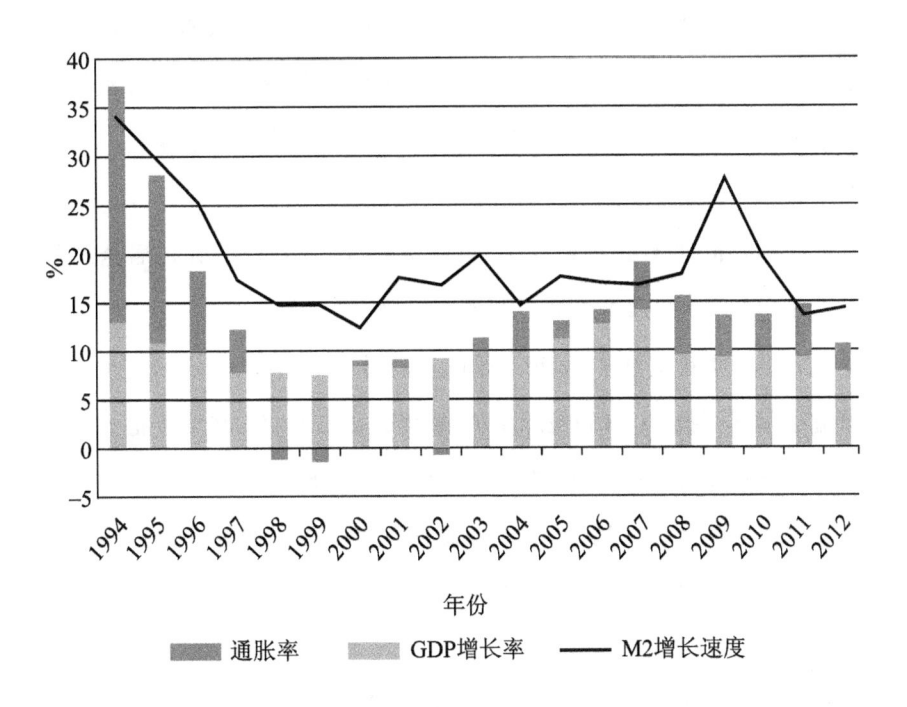

图 6-3　1994~2012 年我国通胀率、GDP 增长率、M2 增长速度

第二节 土地资本化已成为吸收超发货币（M2）的主要渠道

一、我国吸纳超发货币的三个主要渠道

过去十多年中，我国 M2 增速远远高于 GDP 增长速度，而通货膨胀率不高的原因是我国有三个吸收超发货币的渠道。一是外汇储备的迅速增加，二是靠股票市场来吸纳，三是土地资本化、房地产市场吸纳货币。

我国外汇储备截止到 2012 年末达到 3.31 万亿美元，居全球第一。是 1994 年的 64 倍，年均增长 35.6%。

我国股票市场从 1990 年开始试点，到 2013 年 3 月 15 日，沪深股市流通市值新报 187 489 亿元，沪深股市总市值报 236 781 亿元，股票市场发展 20 多年来，吸纳了一定的货币资金。

而我国住宅市场从 1997 年商品化，逐步取消福利分房政策，每年房地产市场也吸收了一定量的货币。

二、土地和房产市场已成为吸纳超发货币的主要渠道

2012 年以来，我国外汇储备增速放缓，截至 2012 年年底，国家外汇储备余额为 3.31 万亿美元，与 2011 年末相比，全年外汇储备增加约 1 300 亿美元，增长 4% 左右，增幅是 2004 年以来的最低值。而

我国股票市场从 2008 年的六千多点的泡沫破灭以来，一直走熊，虽然 2009 年有所反弹，但 2010 年以后一直走弱，股票市场融资功能被大大削弱。

原来的两个吸纳货币资金的渠道不通畅，势必会给土地、房产市场带来冲击。我国土地和房产市场如果调控不当，在百万亿人民币的形势下，势必产生不小的资产泡沫。这不仅是中国经济潜在的最大风险，而且也导致了社会不公和财富及收入差距的扩大，这又导致了社会稳定的风险。

日本在 1986～1990 年明显地出现了流动性过剩的现象，其中最典型的特征就是 M2 相对于 GDP 高速增长，使得 M2/GDP 偏离了长期趋势值，同时超额货币供给指标 EM 从负转正，具体表现则以 CPI 表示的通货膨胀率保持在较低水平，而以股价、地价为代表的资产价格却迅速膨胀，以致形成了 1987～1990 年的"泡沫经济"时期。

第三节　货币宽松政策下房地产市场走势

一、适度扩大流动性集中的特别是一线城市住房用地总量供应

现行住房用地供应量政策是不低于过去 5 年平均实际供应量。但这个平均供应水平不足以应对超发的货币，导致我国房地产市场继续升温，住房用地供应量应该适度增加，以抵消部分超发货币的影响。尤其是对流动性集中的一线城市用地总量供应。这部分城市由于每年

新增人口数量较大，土地和房产的刚性需求较强，适度增加流动性集中的城市供应可以解决人口的刚性需求，同时也吸纳部分超发货币。

二、加大投机需求的税率

收税是回笼超发货币的最直接和有效的途径，但税种设计不合理往往会扩大征收范围，导致政策效率下降。最直接、最有效的是征收房地产闲置税和租房税，从而直接针对投资需求，实现有效调控。

三、限制开竣工比例小的城市用地供应，防止土地升值带来的囤地观望利益链条

超发货币的金融形势下，而其他金融投资渠道不畅，土地升值成为必然。要严格限制囤地，对开竣工面积比例较小的城市住房限制供地，同时针对重点房地产企业，以未竣工面积占比为指标，限制房地产企业囤地。

四、引导民间资本向城镇化建设投资

要合理建立圈钱的池子，比如建立城镇化投资资金，鼓励民间资本在中小城镇投资，包括城镇基础设施建设，工商业厂房和商场建设、污水处理、垃圾处理及环境整治等工程建设。要在土地政策上加以引导，城郊农民以土地入股方式参与小城镇建设，一方面加大城镇化建设；另一方面提高农民收入水平。

五、引导民间资本向新农村建设投资

新农村建设包括农业土地的规模经营，通过土地整理，实现农村经营规模提高，农村产业化经营程度提高；投资新农村基础设施，包括自来水、网络通信等管道建设，也包括污水、垃圾处理等无害化处理力度。减少城镇和农村基础设施的差距，逐步实现城乡统筹发展。

要在农村土地确权的基础上，开发农民土地财产权利的交易机制，形成农村土地权利利益增值稳定收益的机制，从而吸纳更多的资本参与新农村建设并能获得一定的利益。

第七章

我国城市房地产发育——城市综合容积率研究

第一节 研究意义

自 1957 年美国芝加哥城的土地区划管理制度首先采用容积率（floor area ratio）作为一项重要的控制指标以来，容积率已在世界上很多国家和地区得到广泛应用。容积率 20 世纪 80 年代传入我国，很多专家学者对其进行了大量研究，取得了丰硕的成果，并使得容积率越来越符合中国国情。容积率是衡量土地开发强度的"敏感"因子，也是城市规划中有研究价值的"微观"问题，还是描述城市土地开发强度的重要指标，在人地矛盾日益尖锐的今天，"高容积、低密度"的城市开发思想得到人们的重视，然而当该政策实施于实践中时，却暴露出很多的问题，如交通堵塞、日照不足、易发火灾等，严重影响着人们的身心健康和城市的可持续发展。

第二节 国内外研究综述

一、国外研究现状

（一）起源

在西方，容积率作为一项典型的区划控制技术，最早是 1957 年芝加哥的城市土地区划管理制度（Zoning Ordinance）提出和采用的一项重要控制指标，后来也为 20 世纪 60 年代纽约的区划条例所采用。

（二）意义

"西方的区划技术是以功能分区为原则，最初的意图是为了解决 20 世纪初工业城市的肮脏、拥挤和各种混乱状况，容积率的确定要考虑城市的合理规模、基础设施的投资和布局、土地的适用性以及土地市场等问题"，并将西方国家容积率的定量方法归纳为根据市场供求状况谈判和借鉴已有经验两种。

（三）确定方法

土地使用的密度指标的定量确定主要有两种方法：一是按市场的供求情况，通过由相关利益的各方谈判确定，然后将其法律化；二是借鉴以前或者有关城市的经验事先预定。

实际上，这些指标常常经过一定的法律程序被修改。为了增加城市规划对市场的适应性,"绩效区划"作为区划法的补充或替代,萌芽于 19 世纪 50 年代美国"国家工业区划委员会"修改工业管理的规则中,成功应用于澳大利亚、新西兰等国家。

(四)相关研究成果

1. 容积率法则无效论

Tang Bo-sin 等(1999)评价了香港法定图则中"容积率二级控制体系"的有效性,其结论是该体系没有促使非公有土地使用的综合性。主要原因是规划师忽视了市场的周期、资本的流动性,以及法定图则与其他发展控制措施的不相容性。

2. 最低容积率限制无效论

Lee Myeonghun 等(2000)通过对东京市 1980～1995 年的分析研究得出:规划最低容积率限制对提高土地使用强度的影响不大,提高土地使用强度有效的途径是增加基础设计的容量和质量。

3. 容积率与地价倒 U 形理论

Gao Xiaotu 等(2006)对东京的有关数据分析表明:有效容积率低于 1.1 或者是在 1.7～2.1 的地块地价要比有效容积率在 1.1～1.6 的地块地价明显低。原因是低有效容积率的建筑面积受到限制,而有效容积率在 1.7～2.1 土地的景观不够吸引人。进一步的分析说明,目前由区划确定的容积率越低,其有效性越高,而从物质形态的角度制订的容积率越高,其有效性越高。

4. 绿色容积率

新加坡的 Boon Lay Ong(2003)提出了一个新的建设规划指标:绿色容积率——单位地块上绿化的平均叶面积指数。这是借鉴建筑容积率的逻辑而提出绿化定额的指标,并已经应用到了具体的规划设计中。

5. 小结

西方国家土地私有制与规划体系的特点，使得其城市规划中确定容积率侧重于政府、开发商与公众之间的协商，同时结合"绩效区划"来限制土地开发对环境的负面影响，近些年，主要侧重对容积率控制的实效性进行研究。

二、国内研究现状

1994年实施的《城市居住区规划设计规范》(GB 50180－93) 中正式列入了"容积率"一词，标志着容积率一词在我国城市规划界确立了"合法"的地位。

(一) 第一阶段：最开始研究

我国城市容积率最开始研究主要着眼于如何界定及合理控制城市容积率。

1991年开始宋军（1991）在前人的研究基础上，归纳出了容积率的四种确定方法：环境容量推算法、人口推算法、典型试验法、经验推算法。朱晓光（1992）提出容积率指标确定中应加强对经济因素，临界容积率是"衡量和判断控制性详细规划是否符合经济要求的重要标准"。此外，该研究还提出了确定容积率的基本原则：容积率的下限取决于房地产开发可行的最低强度，容积率的上限取决于规划地块最低的环境质量要求。邹德慈（1994）从容积率的概念着手，指出了容积率与建筑面积密度的异同，提出"容积率是评价城市土地合理利用的重要指标"；并分析了容积率的四个基本特性，其中给出了确定容积率时，政府、规划师及开发商之间谈判的出发点和可供参考的利益分配公式，对我国后来研究容积率产生了很大的影响。他经过论证提出确定容积率的原则是：容积率上限取决于环境质量的最起码要求。此外，在确定容积率的博弈过程中加入"公众"这一成员，形成政府、公众、规划师、开发商四者之间的"谈判"。这样，更有利于实现城市规划本身的价值——维护公众利益。

（二）第二阶段：引入西方经济学分析手段

王国恩、殷毅等（1995）从旧城改造中房地产开发投入产出结果的分析，探讨容积率的测算方法，并推导出容积率、城市土地出让价格、房地产开发利润等因素之间的计算公式。他们的研究以"成本—收益"分析法为理论基础，是对朱晓光所提出的临界容积率的下限计算方法的一种深化。

陈顺清（1995）从经济学角度出发，分析了容积率对房地产开发经济利润的影响，认为一般情况下"容积率的提高会增大土地开发收益；但也存在相反的事实"，所以"采取合适的容积率，降低开发成本，才是开发商获利的正确方法"，并提出"容积率对土地开发存在一个理论上的最佳值"。

崔寒青（2006）城市用地容积率与GDP强烈正相关，而且城市的容积率上升存在起步、高速发展和稳定三个阶段。

（三）第三阶段：引入制度经济——管理经济学

何强为（1996）剖析了容积率与经济、环境之间的密切关系；分析了"容积率影响因素"；提出了"规划容积率"与"管理容积率"二级控制指标体系，并给出了如何制定管理容积率的一般方法。尽管"规划容积率"与"管理容积率"的名称提法没有被规划界所采用，但这种二级控制指标体系对我们的启发很大。此外，该研究将影响容积率的环境因素与经济因素分别分为外部与内部因素，这对我们分析、确定容积率提供了全面的、清晰的层面。

第三节 实证研究

一、我国城市容积率现状

（一）数据来源和计算方法

数据来源于中国统计年鉴、天津统计年鉴、北京统计年鉴、上海统计年鉴，参考 Demographia 网站资料（www.demographia.com）。

计算公式为：

$$容积率＝年末实有建筑面积/建成区面积$$

（二）我国容积率现状

我国容积率现状如图 7-1 所示。

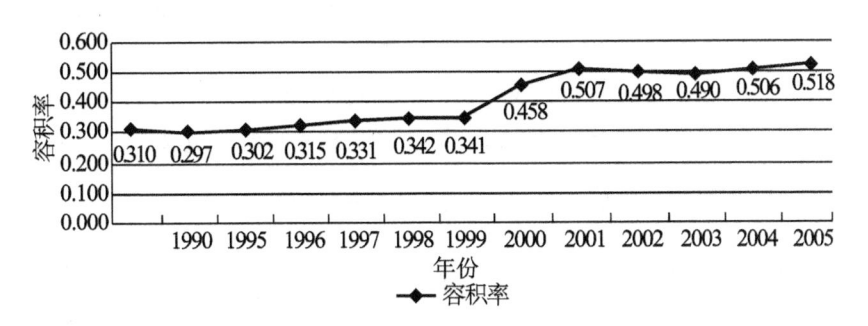

图 7-1 我国容积率现状

我国城市容积率发展经历了3个阶段。

第一个阶段是平稳发展期，从1990～2000年，我国城市容积率平稳增长，从0.31增加到0.341，十多年间，城市容积率只增长了0.031，占1990年的10%，年平均增长1%。

第二阶段是快速发展期，2001～2002年两年间，我国城市容积率进入快速增长阶段，从0.341增加到0.507，两年期间增长48.7%，年平均增长24.4%。

第三阶段是缓慢发展期，2003～2006年城市容积率又步入缓慢增长阶段，从0.507增长到0.518，4年增长2.2个百分点，年均增长0.5个百分点。

这三个阶段城市容积率增长的主要原因是2001～2002年我国城市房屋建筑面积快速增长。

我国建成区和房屋建筑面积现状如图7-2所示。

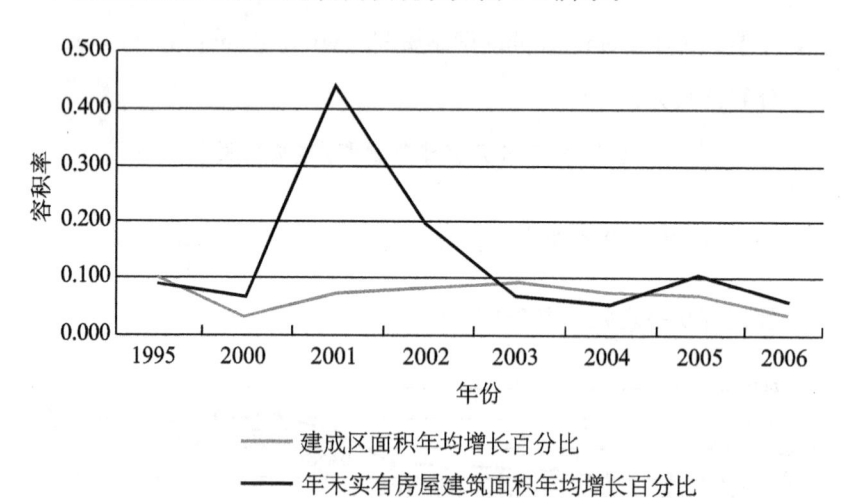

图7-2 我国建成区和房屋建筑面积现状

为了进一步分析容积率增长背后的原因，我们选取住房占房屋建筑百分比来考察。选取每年住房占建筑比例年均增长为纵坐标，年份为横坐标，如图7-3所示。

第七章 我国城市房地产发育——城市综合容积率研究

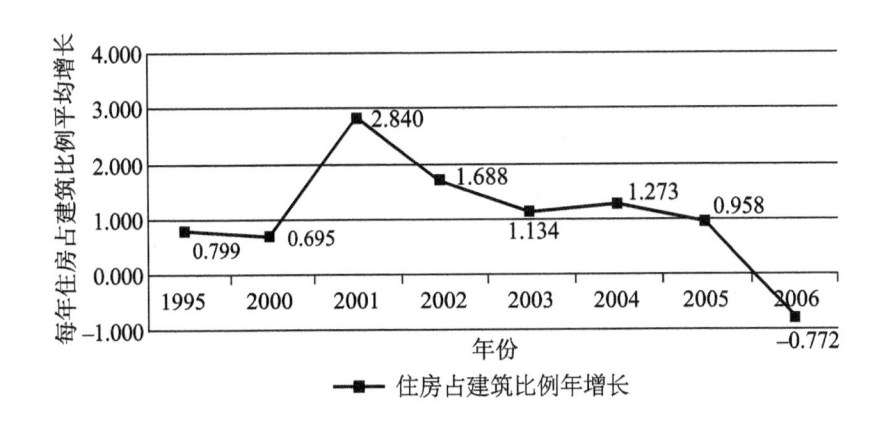

图 7-3 我国住房建筑占总建筑面积比例

从图 7-3 中我们明显看出，2001 年、2002 年住房占建筑比例年增长都是最快的，达到峰值，分别是 2.84 和 1.688。说明我国 2001 年、2002 年城市容积率快速增长的主要原因是住宅市场的快速增长。具体见表 7-1。

表 7-1　1990～2006 年我国住房占房屋建筑比例

年　份	住房占房屋建筑比例
1990	0.502
1995	0.541
2000	0.576
2001	0.604
2002	0.621
2003	0.632
2004	0.645
2005	0.655
2006	0.647

（三）我国分区域容积率现状

按照我国东中西区域划分，东部地区包括北京、天津、河北、辽宁、上海、江苏、浙江、福建、山东、广东和海南11个省（市）；中部地区包括山西、吉林、黑龙江、安徽、江西、河南、湖北、湖南8个省；西部地区包括内蒙古、重庆、四川、贵州、云南、西藏、陕西、甘肃、青海、宁夏、新疆、广西12个省（自治区）。汇总各省区建成区面积和年末房屋建筑总面积，计算出各个区域城市总体容积率，如图7-4所示。

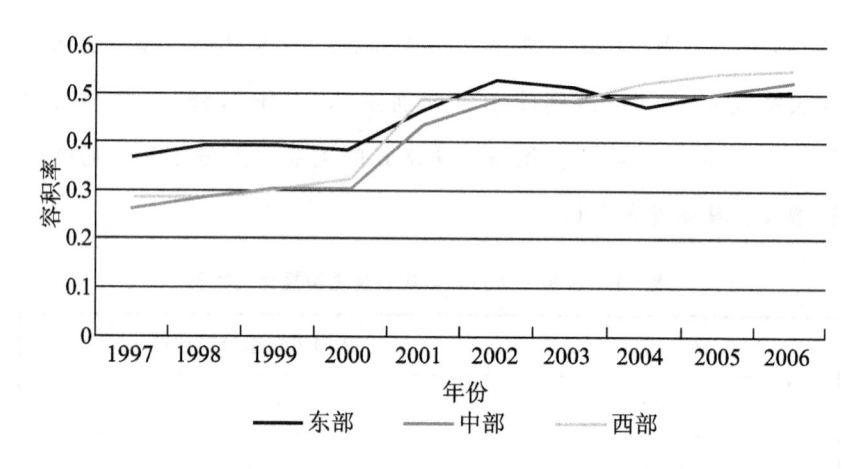

图 7-4 我国分区域容积率现状

就容积率的绝对值来看，我国东部城市容积率起步较高，说明在城市发展基础方面东部要好于中西部。

就容积率的增长速度来看，东部和中部与我国总体情况类似，都是2001年、2002年城市容积率快速上升，而西部地区只有2001年一年快速上升。

就容积率的赶超来看，中西部较好地实现了后发优势，城市容积率分别在2004年和2001年超过了东部。说明我国城市建设具有学习效应，较好地规避了东部城市建设的局限性。

第七章 我国城市房地产发育——城市综合容积率研究

城市容积率唯一处于下降的阶段是东部2002～2004年。

东部作为我国经济发展的领先地区，为什么城市容积率反而落后中西部地区？为此我们分析了我国分区年末建筑占比和建成区占比。

首先是年末建筑占比，如图7-5所示：我国分区年末建筑占比基本保持稳定态势。东、中、西部的比例大约为5∶3∶2。

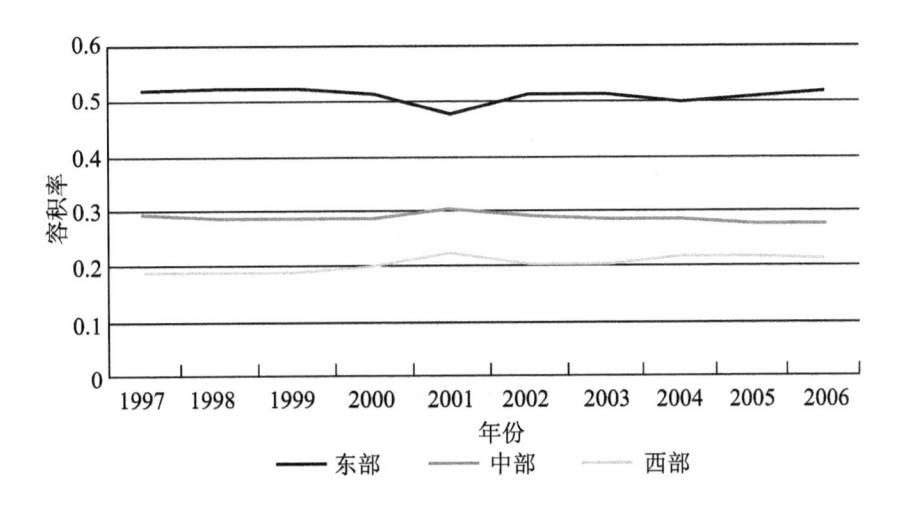

图 7-5 我国分区域建筑面积占比

对照图7-5，我们发现2001年西部年末建筑面积有个突起，对照国家政策，2000年1月，国务院西部地区开发领导小组召开西部地区开发会议，研究加快西部地区发展的基本思路和战略任务，部署实施西部大开发的重点工作。由于房屋建筑开发有个滞后期，反映到2001年末西部房屋建筑比例提高了2.5个百分点。而挤出效应主要从东部挤出，2001年东部房屋建筑比例下降了3.5个百分点。中部住宅上升了1个百分点。

其次，从城市建成区面积占比来看，东部城市建成区面积一直保持扩大态势，如图7-6所示。东部城市建成区比例从1997年的44%上升到2006年的53%，9年间上升9个百分点，年均1个百分点；在

2004年突破50%，达到51.7%。西部建成区比例稳定保持在20%左右，略有下降。中部由1997年的35%下降到2006年的27%，9年间下降8个百分点，每年下降0.9个百分点。

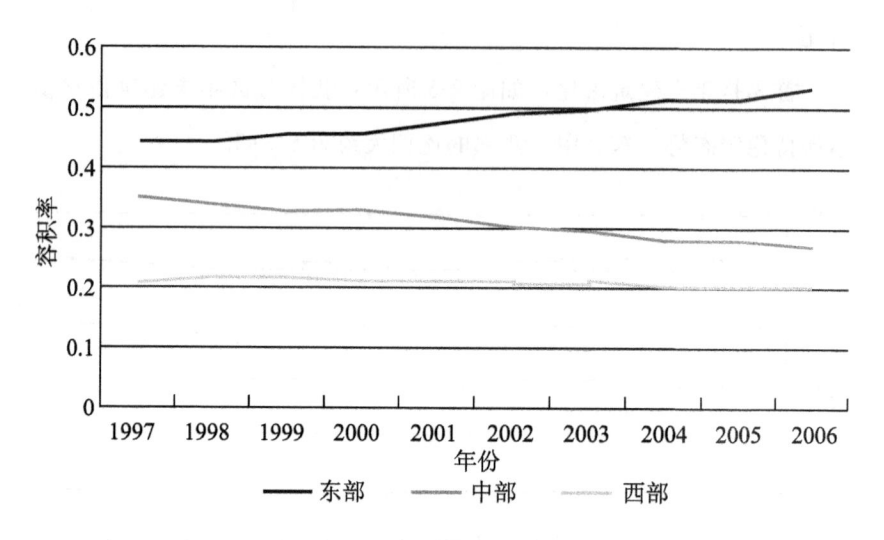

图7-6 我国分区域建成区面积占比

东部作为我国经济发展的龙头，在城市建设用地供应方面处于主动地位，而西部作为我国西部大开发的扶持对象，也能获得建设用地供应的保证。在1997～2006年，中部既没有与经济上的主动地位，也没有国家优惠政策的照顾，在城市建成面积比例上严重落后与其他区域。

二、我国分省城市新增建设用地容积率

（一）数据来源和计算方法

数据来源为土地市场监测网，2008～2012年数据。
计算公式为：

$$容积率＝规划建筑面积/占地面积$$

(二) 工业仓储用地容积率分析

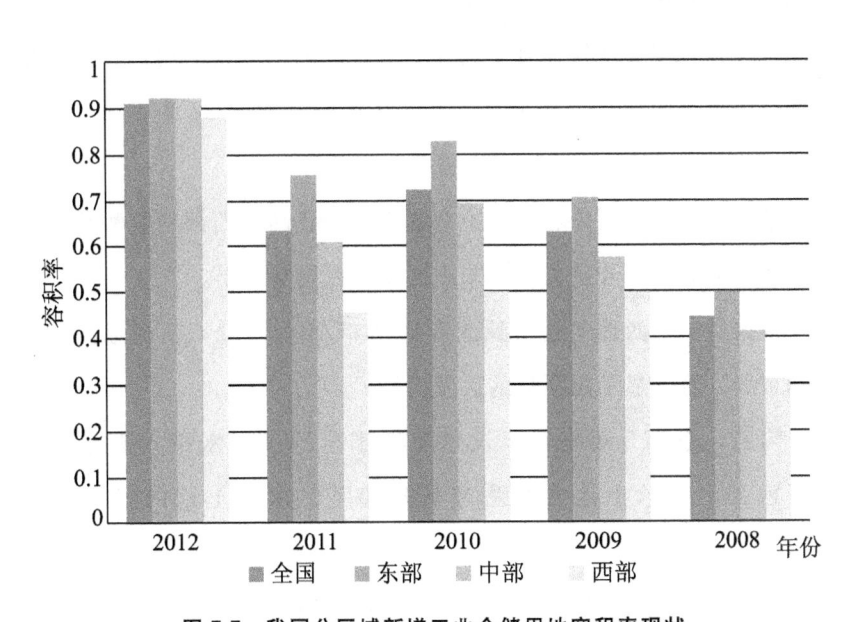

工业仓储用地容积率分析见表 7-2，我国分区域新增工业仓储用地容积率现状如图 7-7 所示，我国分区域新增工业仓储用地容积率增长速度如图 7-8 所示。

表 7-2　工业仓储用地容积率

年份	2012	2011	2010	2009	2008
全国	0.908 529	0.630 787	0.718 703	0.626 927	0.441 944
东部	0.919 611	0.753 078	0.822 467	0.701 976	0.502 375
中部	0.923 134	0.605 652	0.688 548	0.571 597	0.413 555
西部	0.880 19	0.453 986	0.497 007	0.500 4	0.308 877

图 7-7　我国分区域新增工业仓储用地容积率现状

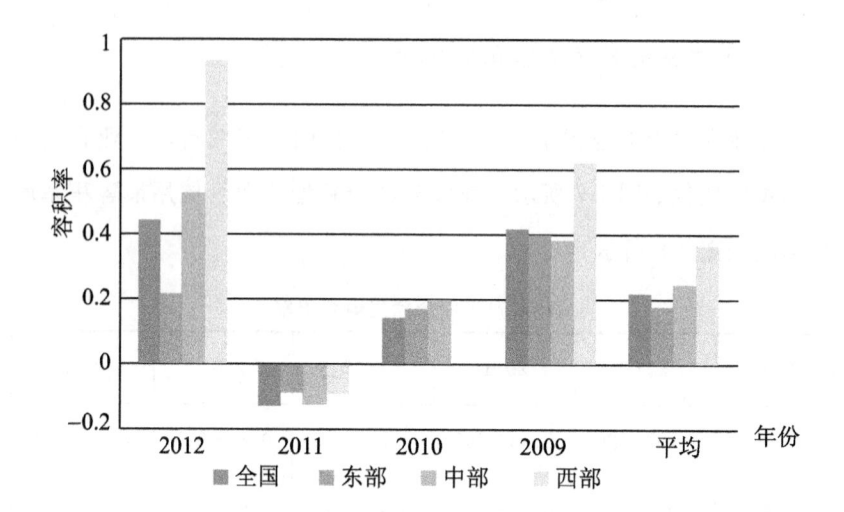

图 7-8　我国分区域新增工业仓储用地容积率增长速度

研究结论如下。

第一，全国总体来看工业用地容积率都有显著增长，5 年间全国规划工业仓储用地容积率增长了一倍以上。

说明在宏观经济快速发展的环境下，我国工业仓储用地单位面积上承载的建筑面积也快速增长。其平均增长速度为 22 个百分点，快于同期我国 9.35％的 GDP 增长速度。

第二，分东中西来看，东中部的容积率要高于西部的容积率。但随着我国加大西部开发力度，东中西差距在慢慢缩小。

数据显示，西部年均增长速度达到 36.6 个百分点，远远高于中部和东部。西部显示出明显的后发优势。

第三，东部 5 年平均增长速度低于全国平均水平，更是远远低于西部，显示土地在报酬递减规律下，东部土地的投资增长缓慢。

第四，把全国容积率增长速度和容积率绝对量进行线性分析，发现两者具有负相关，即土地容积率高的地区，容积率增长慢。

（三）房地产用地容积率分析

我国房地产用地分类型容积率现状如图 7-9 所示。

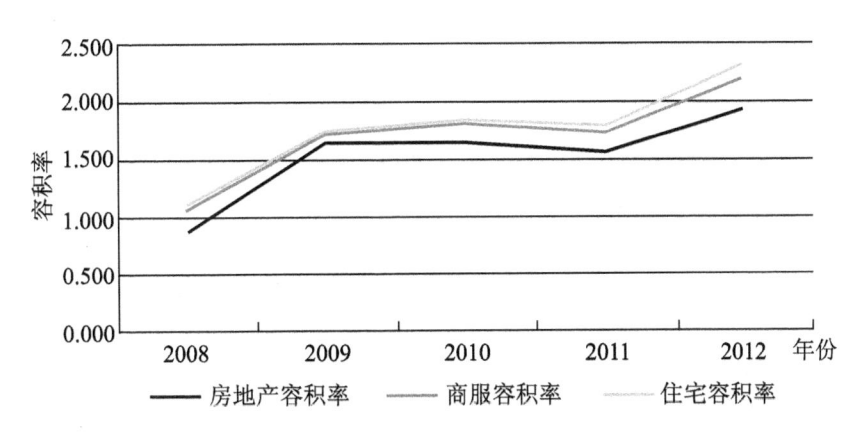

图 7-9 我国房地产用地分类型容积率现状

我国新增用地中房地产容积率由 2008 年的 1.03 上升到 2012 年的 2.19。4 年共增加了 113%，平均每年增长 17%。其中 2009 年和 2012 年是两个快速增长的年份，分别增长 67 个百分点和 28 个百分点；2010 和 2011 年是平稳发展年份，2010 年增长 3.7 个百分点，2011 年下降 3.6 个百分点。

住宅容积率和商服容积率走势和房地产容积率大致相似，但两者之间的差距有扩大趋势。由 2008 年的 0.22 扩大到 2012 年的 0.41。

分区域房地产用地容积率现状如图 7-10 所示。

2008 年，中部房地产容积和东部房地产容积率相当，到 2012 年中部房地产容积率要略高于东部，西部落后于中东部，但西部与中东部的差距在慢慢缩小。分区域住宅用地容积率现状如图 7-11 所示。

就住房容积率来看，西部和东部的差距不大，但商服来看，西部要落后于中部和东部。分区域商服用地容积率现状如图 7-12 所示。

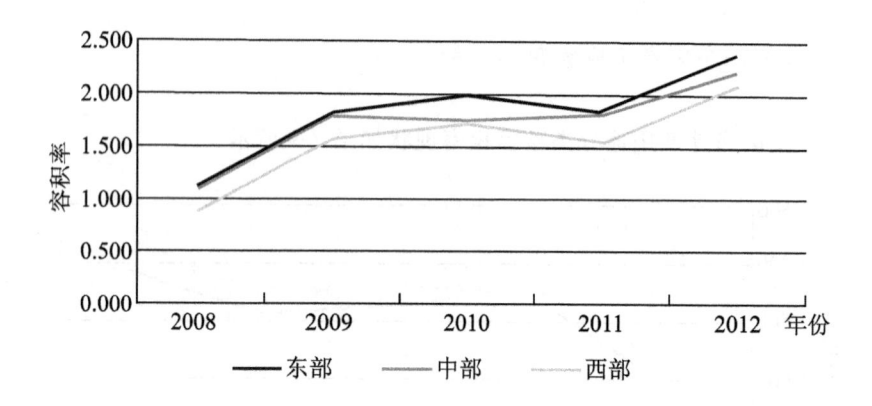

图 7-10　分区域房地产用地容积率现状

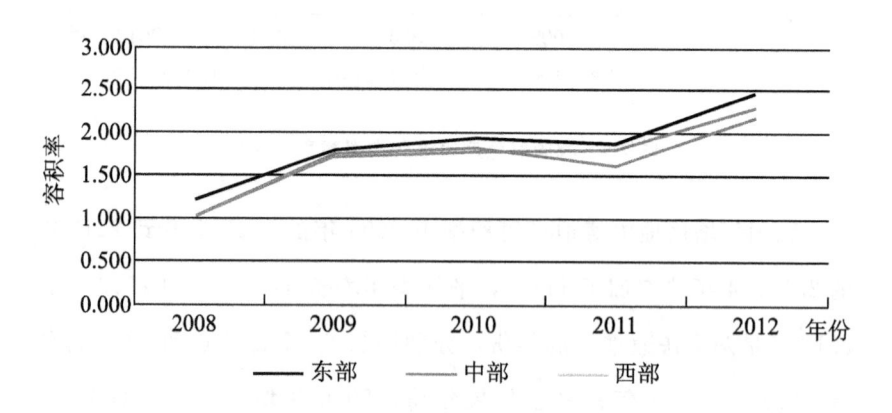

图 7-11　分区域住宅用地容积率现状

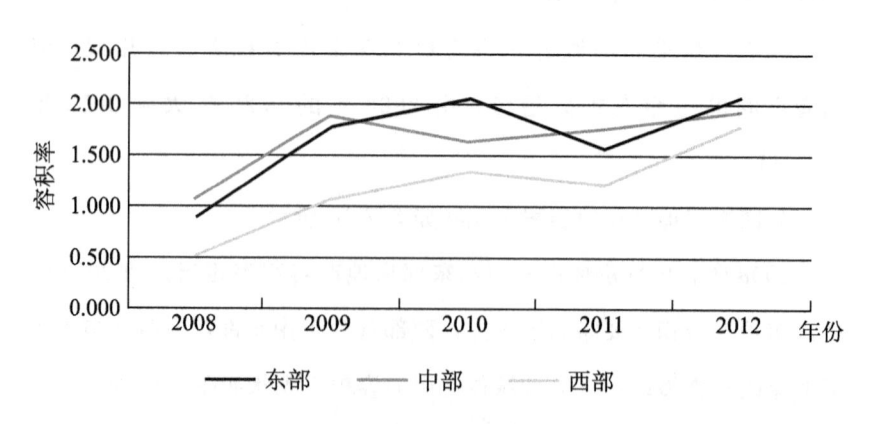

图 7-12　分区域商服用地容积率现状

三、几个城市容积率分析

（一）城市相关容积率计算方法

计算方法：

城市综合容积率＝年末实有房屋建筑面积/城市建成区面积

$$城市净容积率 = \frac{年末实有房屋建筑面积}{(居住用地面积＋工业用地面积＋仓储用地面积)}$$

住房容积率＝年末实有住宅建筑面积/居住用地面积

（二）广州市

广州市城市容积率见表7-3。

数据来源：广州市统计年鉴2011年（2010年数据），中国城市建设统计年鉴2010年（2010年数据）。

表7-3　广州市城市容积率　　　　　　　　　　km²

年份	年末实有房屋建筑面积	城市建设用地面积	居住工矿用地面积	城市综合容积率	城市净容积率	年末实有住宅建筑面积	居住用地面积	住宅容积率
2010	349.627	657.72	423.50	0.53	0.83	203.063 8	191.84	1.06

2010年广州市城市综合容积率为0.53，城市净容积率（年末建筑面积/居住和工矿用地面积）为0.83，住宅容积率为1.06。

（三）北京市

北京市城市容积率见表7-4。

数据来源：北京市统计年鉴2012年（2010年数据），中国统计年鉴 2010 年（2009 年数据）(缺北京市 2010 年建成区面积数据)。

表 7-4　北京市城市容积率　　　　　　　　km²

年份	年末实有房屋建筑面积	城市建成区面积	居住工矿用地面积	城市综合容积率	城市净容积率	年末实有住宅建筑面积	居住用地面积	住宅容积率
2010	684.13	1349		0.507		384.54		

2010 年北京市城市综合容积率为 0.507。

（四）徐州市

徐州市城市容积率见表 7-5。

数据来源：徐州市统计年鉴 2011 年（2010 年数据），中国城市建设统计年鉴 2010 年（2010 年数据）。

表 7-5　徐州市城市容积率　　　　　　　　km²

年份	年末实有房屋建筑面积	城市建成区面积	居住工矿用地面积	城市综合容积率	城市净容积率	年末实有住宅建筑面积	居住用地面积	住宅容积率
2010	133.65	239	97.55	0.56	1.37	88.77	58.18	1.53

2010 年徐州市城市综合容积率为 0.56，城市净容积率（年末建筑面积/居住和工矿用地面积）为 1.37，住宅容积率为 1.53。

（五）天津市

天津市城市容积率见表 7-6。

数据来源：天津市统计年鉴 2010 年（2009 年数据），中国统计年鉴 2010 年（2009 年数据）。

第七章 我国城市房地产发育——城市综合容积率研究

表7-6 天津市城市容积率表　　　　　　　　　　　　　　　　　　　km²

年份	年末实有房屋建筑面积	城市建成区面积	居住工矿用地面积	城市综合容积率	城市净容积率	年末实有住宅建筑面积	居住用地面积	住宅容积率
2009	294.948 1	662.25		0.445		178.886 4		

2009年天津市城市综合容积率为0.445。

第八章

新型城镇化背景下房地产市场分析

当前,我国正处于工业化、城镇化、信息化和农业现代化加速发展时期。城镇化是中国现代化进程中一个基本问题,是一个大战略,对此,中央高度重视,明确提出要实施新型城镇化发展战略,强调要发挥城镇化综合效应,释放内需巨大潜力,促进经济长期平稳较快发展与社会和谐稳定。土地是城镇化发展的基本元素和支撑要件,实施新型城镇化战略,必须在坚持现有政策的合理内核的基础上,构建与新型城镇化相适应的新的土地管理和调控政策。

第一节 新型城镇化的必然性和主要特点

一、新型城镇化的必然性

城市化作为人类进步的标志,经济社会发展的现象,虽然是所有国家在经济社会发展的共同规律,是实现现代化过程中的重要步骤,但是，各国国家的城市化道路、推进方式、空间布局、建设形态是各不相同的；同时一个国家在不同的发展时期城市化的内容。突出的重点、采取的方针、实施的政策也有所区别。我国城市化走上新型城镇化，不仅决定于我国人多地少的基本国情，而且决定于改革开放30多年我国经济社会发展的现实和水平，所以是历史必然的选择。李克强总理明确提出，推进城镇化，核心是人的城镇化，关键是提高城镇化质量，目的是造福百姓和富裕农民。

二、新型城镇化的特点

新型城镇化要充分体现以人为本的根本目的，围绕以提高城市化质量的本质特点，实现城市的发展和建设与农村的发展和繁荣相融合，支持农村的发展，实现城乡一体化。所以，新型城镇化不仅是表述上的差异，而显示了本质的特点和深刻的内容。其主要特点是：新型城镇化实施稳健城市化速度；新型城镇化以信息化为时代背景；新型城镇化以新型工业化为动力；新型城镇化是综合全面的城市化；新型城镇化突出以人为本的原则；新型城镇化以城乡一体化为途径；新型城城镇化以提高生活质量为目标；新型城镇化缩小城市内部及城乡之间的贫富差别，既消灭城乡二元结构，又消灭城市二元结构；新型城镇化具有多元化和多模式；新型城城镇化高度和谐和广泛包容。

当然，从目前阶段来说，新型城镇化更有利于消费性需求的增长，发挥消费对经济增长的拉动作用，进一步促进经济发展，加速经济结构，特别是产业结构的调整、转型和升级，优化我国空间布局，加大对基础设施、住房、医疗、教育和公共设施等的投资，实现分配的合理化和公共服务的均等化。

第二节 新型城镇化对土地管理及调控政策的挑战

土地作为城市发展的基本元素,新型城镇化对土地的利用和管理提出新的要求,需要土地管理和宏观调控适应新的要求,实现创新。例如,人口城市化与土地城市化协调和同步;城市化与城乡一体化同时推进;异地城市化与就地城市化并举;城镇土地得到最大程度的有效利用;多元化的土地功能不断完善和发挥;国有土地与集体土地赋予同等的权利;充分发挥市场机制对城乡土地资源配置的基础性作用,实现农村建设用地与城镇建设用地的合理流转,建立城乡统一的建设用地市场;通过土地增值收益的合理分配实现城乡建设用地增值的共享等。

总之一句话,新型城镇化必须建立与之相适应的土地管理制度和调控政策。然而,我们现行的土地管理制度和调控政策又如何呢?在土地利用、土地管理和政策实施等方面,仍然存在不少问题和缺陷,主要包括以下方面。

一、土地城镇化速度高于人口城镇化,土地利用效率亟待提高

在城镇化进程中,建设用地规模均经历"缓慢增长—加速增长—低速增长—基本稳定"的变化轨迹。从世界各国的情况看,在城镇化率达到30%后,开始加速城镇化发展阶段,此阶段土地城镇化的速度大于人口城镇化速度成为一个普遍现象。1963~1973年,日本处于建设用地快速增长的阶段,日本城镇化率从65.38%增长到73.90%,

年均增长 0.85%，而同期建设用地年均增长 3%。中国科学院遥感与数字地球研究所根据城市扩张卫星遥感制图，对人口大于 50 万城市的研究发现，在 2000~2009 年，城市建设用地年均增长率为 7.01%，同期城市人口年均增长率为 5.83%，城市人口密度年均下降 1.11%，低于世界平均水平。

需要指出的是，截至 2010 年，以城镇地区的居住人口计，中国城镇化率官方数据略高于 50%，若以拥有城市户籍的人口计，中国城镇化率仅约为 35%。依此考量，土地城镇化的速度与人口城镇化的速度还不匹配。

二、土地投向过于集中于大城市，给大城市带来严重的土地压力

当前我国经济社会发展不平衡态势明显，长期以来形成的产业布局、公共服务、就业机会和社会资源配置向东部地区、向大城市过度集中的局面未有明显改观，造成人口流向一、二线城市和东部地区，城市化演化为大城市化，使得住房用地供应的区域性和结构性问题始终存在。重点城市始终是住房用地供应的重点，"十一五"期间累计 36 个重点城市土地供应总量占全国的比例达 27.8%，其中住宅用地占比达 31.4%。与之相对应的是城市建设用地开发强度整体不断提高，土地供给能力受到限制，使资源、环境的瓶颈制约与经济社会发展的矛盾日益尖锐，直接影响到城市的可持续发展。

建设用地的开发强度，全国（2005~2020 年）为 3.36%~3.94%，上海 29%~36%，天津 29%~34%，北京 19%~23%，香港 22%，江苏 17%~19%，广东 9%~11%，浙江 9%~11%。而国际上（2005），建设用地面积一般占 6%~15%。其中，荷兰 15%，

德国 13%，英国 6%，韩国 8.2%（计划 11%）。

三、城市用地结构不尽合理，影响城市产业结构和功能发挥

我国大多数城市的用地结构是在工业化的初期和中期形成的，不仅土地利用效率低，而且不能适应新型工业化和信息化、现代化的要求，交通堵塞、环境恶化是最突出的表现。在用地上，住房用地、生态用地、生活用地和公共用地不足。从世界经验看，发达国家房地产用地量一般为工业用地量的 3～5 倍，而我国的现状是房地产用地为工业用地的 1.5 倍，由于近年来房地产用地供应量增加和比重提高，我国房地产用地与工矿用地比例总体呈波动中上升的态势，2016 年 4 月我国房地产用地量为工矿用地供应量的 0.91 倍，较 3 月有所增加，但总体上房地产用地占比还比较低。考虑我国目前还处于工业化中期，工业经济在经济中占主导地位，工业用地占比较大具有一定的合理性，但不容忽视房地产用地供应占比较小带来的民生问题，只有紧紧抓住结构调整的有利时机，把握好产业用地投放与民生用地供应之间的均衡，才能促进经济社会均衡发展。

四、国家法律政策滞后，人地转化不同步

农村人口向城市大量转移过程中，理应伴随的是农村居民点用地的减少。而现实是，在农村人口不断减少的同时，我国的农村居民点用地却出现了上升势头：1996～2003 年增加了 25.07 万 hm^2，使得农村人均居民点用地由 1996 年的 193.42 m^2 变化到 2003 年的 217.41 m^2，增加了 23.99 m^2，增幅达到 12.4%。1996～2007 年，广东农村人口 1996 年以来减少 1 302 万人，农村居民点用地没有同步减少，反而增

加了 1.67 万 hm^2，人均用地面积增加了近 41%，因此出现了较多的空心村和废弃宅基地。据我们的调查，即使在东部经济发展地区，农村人均宅基地都在 250 m^2 左右，户均接近或超过 1 亩。

农村土地转化为城镇用地的渠道过于单一。城镇化既是农民的市民化过程，也是部分农业用地转化为城镇用地的过程。在市场经济条件下，土地性质和用途的转化主要依靠市场来实现。可是，在城市土地属于国家所有，农村土地属于集体所有的制度框架下，只有通过政府征地（征收）的唯一渠道才能实现农村土地转化为城市用地，从而产生一系列的弊病和问题，完全不适应新型城市化的需要和本质，严重损害农民的利益和农村的发展与繁荣。发挥市场机制对土地资源配置的基础性作用，不能仅仅理解为国有土地的招拍挂。

第三节 新型城镇化背景下房地产市场的创新和选择

一、城镇建设用地供给的重心从增量土地转向存量土地

在启动城市存量建设用地再开发（或三旧改造）的同时，充分利用农村建设用地，扭转建设从只重城市不重农村的倾向，向城乡协调发展、统筹建设的方向转变，实施城镇建设用地供应政策重心的转移，并在规划、计划和供应上给予体现。在规划上实施"三规合一"，在实行用途管制的同时，制定相应法律和政策，解决经济利益的调整等。

二、从实事求是出发，实施差别化供地政策

差别化体现在以下方面：

第一，坚持公平与效率兼顾的原则，以效率为主，还是以公平为主，要因地、因项目而异；

第二，建设用地供应量及增长速度与供应地区或城市的现阶段的经济地位和经济战略任务相适应，与城市的发展生命周期相匹配；

第三，供应中的增量与增量比例有所不同；

第四，建设用地供应量与供应地区（城市）的产业结构调整、国家的产业结构战略相适应；

第五，房地产业发展要与人口流向、产业集聚和公共服务均等化的新趋势相协调。

三、明确创立和提出发展权及指标管理体系，开展发展权交易，建立发展权的地区市场

普遍设立土地发展权，允许农地的土地发展权有偿转让。城市化地区的任何土地所有权或使用权主体，如果想提高自身土地的利用强度，不仅要符合规划许可，而且必须向非城市化地区购买农地的发展权，使这些限制或禁止发展的地区，也能分享国家工业化、城市化的成果。

四、把农民宅基地作为一个特殊的问题进行研究

制定相应的流转和处置政策，包括退出机制。农民及家属彻底、全部成为城市居民之后，对于其宅基地的发展权可由当地政府收购或

给予合理补偿，为城市所有。

五、土地与资金的配置相协调

加强土地与资本的相互转化机制。税收、银行要支持集体土地的交易和流转。

六、试行国家开发区的建立和扩大

不改变集体土地的性质和进行征地，而以土地入股的方式解决土地问题。

七、转变政府的职能、角色和利益诉求

加强政府在对集体建设用地和流转服务的基础上，进一步加强对土地市场，特别是建设用地市场的监管。

第九章

国内外保障住房市场比较分析

　　根据各国住房供应的市场化程度及政府干预,住房问题的范围分为四种类型:其一是以市场化政策为主导,以充分依靠自由市场调节住房供需,政府干预为补充的住房发展模式,以美国为代表;其二是为倡导市场机制的运行,政府通过金融政策、住房补贴等经济手段积极干预促进住房市场发展的中间型,以英国、日本为代表;其三是以住房福利保障制度为主导的福利型国家,以新加坡、德国为代表;其四是政府通过控制土地供应量引导房地产市场的土地主导型,以中国香港为代表。下面简要总结部分国家和地区住房供应及住房保障体系。

第九章 国内外保障住房市场比较分析

第一节 相关国家住房体系现状

一、美国

美国是一个发达的市场经济国家，住房被认为是一种经济商品。由于市场经济高度发达，美国对于中等收入以上居民的住房消费基本靠市场调节，政府不加干预。美国成为世界上私人拥有住宅率最高的国家之一。美国的住房市场可以概括为"大市场小政府"的二元二级住房体系，"大市场"指的是住房市场提供占全部家庭住房的95%以上。如在2006年美国大约1.06亿个家庭中，有约7 100万的家庭拥有自己的住房，自有住房比率达到67.7%，另外约有30%的家庭通过市场租房。"小政府"是指政府只限于帮助那些无能力支付私人房租的低收入家庭和老年人解决住房问题。政府资助的公共住宅或廉租房中的家庭大约为130万户，占全部家庭不到2%。

美国住房政策的目标是实现"居者有其屋"。具体来说就是，每个家庭都能够住上可支付得起（具有支付能力）的住房。美国联邦政府的住房政策大体上分两类：提高家庭的住房支付能力和增加经济适用房的供给。前者主要通过实物补贴（"补砖头"）、货币（房租）补贴（"补人头"）、税收优惠等手段实现；后者主要通过公共住房项目、政府补贴的私人廉租房、政府担保的私人住房贷款、政府提供的住房融资等途径实现。就市场提供的住房而言，对占住户总数20%的高收入者提供商品房；对有固定收入的中低收入家庭，即收入为本地家庭平均收入60%以上者，政府提供贴息担保，首付只占房价的5%，贷款总额可达到房价的80%～95%，还款期限长达30年；收入低于本地区家庭平均收入40%以下的家庭属于低收入家庭，这一人群将家庭收入的30%交房租，余下不足的部分由政府发住房券补贴，家庭收入越低相应的补贴也就越多。

美国从最初的政府出面兴建所有的公共住房，到后来的由私人建筑公司通过市场化方式建造共同房屋，再到目前的将重点从对公共住房建设给予补贴转移到针对租户的直接租金补贴，实现了整个住房市场的住房空置率下降，社会总体效用得到有效提高，促进了社会各收入家庭住房水平的提高。

二、英国

在20世纪初，英国是世界上第一个工业化国家，城市化飞速发展，农村人口大量涌入城市，住房短缺现象较为严重。针对高昂的房租，英国于1919年颁布了《住房法》，建立了世界上第一个现代住房制度的国家。20世纪80年代以前，英国实行住房福利政策。目前，英国的住房按所有权分为两大类，即私有住房和租住房。其中，私有住房包括完全所有权住房和贷款购买的住房，而租住房又分为3种类型，即私人出租住房、登记的社会房东出租住房和地方政府出租住房。总体上，英国的住房供应来自3个部门，即私有企业、住房协会和地方政府。从20世纪开始，住房供应部门的主体地位表现为从地方政府向私有企业的转移，同时住房协会逐步接替地方政府，担负向低收入家庭提供廉价住房和出租住房的责任。

英国的住房制度演变总体趋势为：公共住房先盛后衰，公共补贴的范围逐渐缩小，房屋产权由公房为主转向私房为主，住房问题的干预逐步减小,市场调节的作用逐渐增强。住房制度与政策的主要特征包括:第一,公房出售政策,凡是居住期满 2 年及以上,可以分割独立使用的公寓单元房及所租住的房屋是租户唯一主要居所的居民都可以申请购房;第二,住房金融优惠政策,政府根据租房者租住时间的长短,给予 33%~50% 的价格折扣,以及抵押贷款方面的优惠;第三,住房补贴政策,包括对房租的补贴、利率及房屋维护管理费用方面的补贴等;第四,分散建房政策,政府强制要求新的住宅建设项目必须有一定的低收入居民住房,这个比例一般占项目建设总量的 15%~50%。

英国政府于 2005 年推出了"新居者有其屋计划",其方式就是购房者可先购买部分产权,然后逐步购买全部产权。住房协会和地方政府公房的承租人,以分享式产权方式购买其承租公房的部分产权,其余产权由住房协会或地方政府保留,购房者付房租。房租标准是每年房东所持产权资本价值的 2.75%~3%。购房者可以根据自己的经济能力分次购买产权,直至购买全部产权,但是在第一次购买时,购房者要最低购买 25% 的所有权。

三、新加坡

新加坡住宅制度的典型特征是独创的公积金制度和计划下的政府组屋开发,新加坡也因此成为世界上以政府为主组织建房解决公民住房问题的范例。新加坡的住房体系是以政府主导的政府组屋为主、完全市场化的私人房地产为辅的二元体系。政府组屋是一种政府化的房屋,由建屋发展局统一发展建造,相当于我国的经济适用房、廉租房等的性质。99 年房契,产权属于政府所有,政府对其有一整套严格的管理制度,新加坡的政府组屋在整个房地产市场中占 80% 左右。因此，新加坡的大众化房地产市场还是由政府属下的建屋发展局牢牢控制的，它从制度上保证了新加坡人人有房住的基本人权，而豪华房地产市场即私人房地产市场则完全市场化，由市场来决定它的供给和需求。

为了鼓励中低收入家庭购买政府组屋，加速住房资金周转，居民购买公房时应按政府规定的标准购买才能享受优惠，见表9-1。

表9-1 新加坡居民购买公房的分类标准

类别	标准 （月家庭收入）	可购房类型	备 注
第一类	800新元以下	可以租赁组屋，供租的组屋一般为一居室、两居室和三居室，四居室以上的组屋不出租。租金约为市场租金的50%，其余部分由政府予以补贴	目前出租组屋约占组屋总数的10%
第二类	800~5 000新元	可购买组屋	800新元以上的家庭不能租赁组屋，必须购买
第三类	5 000~8 000新元	可购买档次较高的公寓	可分期付款：首付20%，其余向建屋发展局申请贷款，利率比公积金存款利率高0.1个百分点，比市场利率低2~4个百分点
第四类	8 000新元以上	建屋发展局不负责提供组屋，从房地产市场直接购买住房	

目前，新加坡的居民中，有87.6%的居民居住在由政府建屋发展局提供的政府组屋里，其中8.6%的居民居住在廉租屋里，79.0%的居民居住在廉价屋里，其余12.4%的居民则住在私人购买的公寓或别墅里。

此外，在新加坡，无论是政府组屋还是私人房地产都必须缴纳产业税。政府组屋屋主可享受政府的产业税回扣，四房以下的政府组屋屋主基本上不需要缴纳产业税。政府规定，任何屋主自己居住的房地产须征收房地产年值4%的产业税,而非自己居住的其他第二套或以上的房地产一律征收高达房地产年值11%的产业税。

四、中国香港

中国香港通过建立私人开发商和政府部门共同发展的双轨制的住房供应体系,成功地解决了不同阶层住房供应的难题,使中国香港成为世界上公认的住房问题解决得比较好的地区之一。截至2008年,在中国香港251.73万套住宅中,公营租住房屋有72.16万套,资助出售房屋39.70万套,私人房屋有139.87万套;在中国香港694万总人口中,49.6%的居民居住在公营的租住公屋和资助出售的居屋中,50.4%的居民居住在私人住房中。

香港地区根据当地经济发展情况和人们不同时期、不同收入水平的需求,制定了一系列的住房计划,建立了多层次的住房保障体系。主要包括:①徙置区计划(1954);②廉租屋计划(1961);③十年建屋计划(1972);④居者有其屋计划(1976);⑤长远房屋策略(1987);⑥香港长远房屋策略白皮书(1998);⑦公营房屋架构检讨及有关房屋政策的声明(2002)。其中,有的内容为解决公屋建设问题,有的为安置夹心阶层群体。

此外,香港特区政府成立了香港房屋委员会、房屋协会、房屋局和房屋署等专业化的决策局共同管理香港房屋事务,负责协调包括公共住房发展规划、开发建设、社会分配和运营管理等诸多环节,参与香港公共房屋制度的建设和管理。同时,充足稳定的资金是住房保障制度成功发展的必要条件。香港公共房屋建设的资金来源主要由政府通过直接注资、免费拨地、拨出资本和提供低息或无息贷款等方式资助公共房屋的建设。

五、日本

日本政府遵循"保低放高"原则，使老百姓能住上与自己的经济条件相适应的住房。

在日本，中等以上收入家庭住房主要通过市场实现，民间的房地产公司是供应主体。中等偏下及低收入家庭则是通过由政府支持的非营利机构——都市整备公团、地方政府住宅局、勤劳者住房协会提供公共住房。中央政府建设省（现国土交通省）所属的都市整备公团（在各地设有支社）是事业单位，不以营利为目的，由国家出资提供公团住房，面向中等收入家庭出售和租赁，截至2005年公团住宅存量约128.2万户。地方政府住宅局则为低收入者、单亲家庭及特殊困难家庭提供租赁型公营住宅，截至2004年公营住宅存量约219万户。勤劳者住房协会——住宅合作社则为广大劳动者提供合作住宅。1966年日本制定了《日本勤劳者住房协会法》，确立了住宅合作社组织合作建房的法理地位。日本住宅合作社作为市场与政府之外的第三方资源配置手段。

房价控制方面，日本勤劳者协会把合作住宅的基本房价控制在普通职工年收入5~6倍的范围之内。都市整备公团所建造的住宅标准按照中等收入家庭的需求能力设计，供出售的公团住房价格为中等收入家庭年收入的5.3倍，供出租用的住宅平均月租金约占租户家庭月收入的15%。地方政府住宅局建设的公营住宅实行政府定价，受到市场价格波动影响小，公营住宅租金在房地产泡沫日趋膨胀的1983~1990年年均只上涨了4.4%，这不仅在房地产泡沫时期有效保护了中低收入阶层的利益，而且对房地产泡沫破灭以后日本社会经济的稳定也起了重要的作用。

六、韩国

1998年亚洲金融危机过后,韩国住宅市场进入了复苏、繁荣的发展周期。特别是从2000~2006年,住宅建设以年均20%以上的速度逐年增加,房价持续快速上涨,其中首尔更是成为高不可攀的"富人区",房价迅速上涨也带动租赁价格上涨。韩国也经历了城市扩张、房价暴涨这一过程,政府在2000年以来强调重视针对中低收入户的公共住房政策。韩国城市中低收入户公共住房政策主要表现为,通过建设小型商品住房和租赁住房等公共住房,致力于解决中低收入户的居住问题,并且对此在财政、宅地、金融和税制等方面给予优厚支援。

小型商品住房是针对拥有住宅购买力的中低收入户而建设的小型公共住房,其供给对象为中低收入水平的家庭,其面积约为60 m^{2}以下。

公共租赁住房是由中央政府或地方政府用财政预算或国民住宅基金建设的租赁住房。公共租赁住房包括三种类型:永久租赁房、公营租赁房和国民租赁房。其中,永久租赁房是专门针对最低收入阶层而建造的非营利性住房,建设资金大部分来源于财政资金,少部分来源于入住居民的租房保证金。公营租赁房和国民租赁房供给对象仅限于中低收入者,资格审查制度非常严格,建设资金来源于政府财政、住宅基金、入住人保证金和租金。公共租赁住房的租赁期一般为5~50年,租赁期满后卖给租住者。国民租赁房是目前韩国公共租赁住房的主要类型,面向前一年收入不到城市居民家庭月平均收入50%~70%的无房者,而且租赁对象是住房认购储蓄户,公共租赁住房的租赁期为30年,求租对象为前一年收入不到城市工人家庭月平均收入50%~70%的无房者,并且是住房认购储蓄户。

韩国的住房保障优惠政策主要有以下几类。

一是住房租金补贴。韩国的基本生活保障法规定，当地政府应给予收入低于最低生活费用标准的家庭一定的住房补贴。

二是低息租金贷款。韩国的基本情况是，在签订租赁合同时住房承租人需向出租者支付押金，相当于住房价格的50%～70%，这部分押金在租赁期结束时返还给承租人。

三是低息购房贷款。韩国政府针对购买小型住房的低收入无房家庭，给予多方面的低息购房贷款支持。对于年收入低于3 000万韩元或2.7万美元的无房家庭，在购买85 m^2 以下的公共租赁房屋或二手住房时，可以申请年利率为7.75%～9%、总额不超过6 000万韩元的贷款；在购买85 m^2 以下的新建住房时，可以申请年利率为8.5%、总额在3 000万～5 000万韩元的住房贷款；如果购买60 m^2 以下的住房，则可申请年利率为8.5%、相当于全部房价70%的贷款。

四是税收优惠。低收入无房家庭在购买小型住房时还能获得相关的税收优惠，购买低于40 m^2 住房的低收入无房家庭，可免缴住房购置税和交易登记税；购买40～60 m^2 住房的低收入无房家庭，可减半征收住房购置税和交易登记税。此外，低收入家庭如果使用住房储蓄购买住房，还可以减少40%的住房购置税和交易登记税。

七、德国

在第二次世界大战中，德国受到了严重的打击，住房产业严重受损。在战后重建时，德国政府实施了一系列措施来促进住房投资建设和鼓励私人购房。德国的住房政策主要由租金管制与补贴、鼓励私人建造低租金住房的优惠贷款发放、住房储蓄国家奖励，以及私人购建房减税优惠政策四大部分组成。

第九章　国内外保障住房市场比较分析

德国现有住户约 3 960 万套，2007 年全国住房约 3 970 万套，总体而言供需相对平稳。德国家庭户均人口为 2 人，户均居住面积约为 90.2 m^2，人均居住面积约为 45 m^2。与欧洲其他发达国家相比，德国住房自有化率并不高，仅约 42% 的家庭居住在自己拥有产权的住房中，另外 58% 的家庭租住房屋，其中 52% 通过市场租赁房屋，6% 为政府或相关机构建设提供的廉租房。

关于住房出租，德国最新修订的《租房法》对租赁合同的签订、期限、解除以及出租人和承租人权利义务等进行了全面规定，核心侧重于强调对承租人权利的保护。其核心特征：一是合同期限没有限制，租赁合同一旦签订即为无限期合同；二是房屋租赁合同蕴含着社会保障的意义，出租人依法定条件不得解除合同。出租人，即房东只有且必须提出相应的理由才能提前 9 个月解除合同，并且该法仅仅规定三种理由可以解除合同：房屋拟将自用、房屋老化需重建且不适宜维修（维修费用大于重建费用）、租客没有履行按期缴纳房屋（累计两个月未缴纳租金）等义务。房租设定方面，德国地方政府每两三年会公布一次房屋租金指导价格，列出了该城市各种房产的大致租价。许多城市的住房管理机构、租房者协会及住房中介商协会等机构，在对住房情况进行综合评估后，会共同制定一个租金价目表。出租人依据这个指导价进行租金调整，但 3 年内累计最高只能上涨 30%。还需要说明的一点是，德国租赁市场存在竞争，即公共租赁住房体系与市场化租赁体系并不隔离，二者相互竞争来决定租金水平。

关于租房补贴。20 世纪 50 年代开始，德国通过国家提供低息或无息贷款建造了大量住房的同时，也开始对租金进行补贴，并出台了《房租补贴法》。该法规定，居民如果无力承担租金，可以向国家申请房租补贴。德国房租补贴政策已执行 40 余年，目前已成为解决低收入家庭住房问题的主要途径。政府根据家庭人口、收入及房租支出情况给予居民适当补贴,居民实际交纳租金与可以承受租金的差额由政府负担,房租补贴的资金由联邦政府和州政府各承担50%。其中,居民实际交纳租金要与家庭住房需要相结合,可以承受的租金一般按照家庭收入的25%确定。补贴期限为15年,15年以后随着家庭收入的增加,相应地逐年减少租金补贴。对于领取社会救济者、收入特别低的家庭,《失业金法》中也有特殊的规定。一般来说,低收入家庭申请房租补贴,经审核通过后,政府就予以发放房租补贴,政府不仅可以补贴房屋租金,还补贴供暖、排水、垃圾清理、清扫烟囱、房屋保险、地产税等费用。德国现在约有11%的家庭,租金全部靠政府公共财政租金补贴。

第二节 相关国家住房供应和保障特征

不同国家经济发展程度和人地关系紧张程度不同,选取的住房供应和保障途径不同,总结其主要特征包括以下几个方面。

一、依靠市场和保障两大供应体系保障公民的居住权利

市场在各个国家发挥作用的程度不一样,各国对住房保障的程度也不一样,如美国公共住房占住房总量的比例仅为2%左右,香港由政府建造后出租或出售的公共房屋和私人楼宇的比例大致为1:1,新加坡公共组屋则高达90%。值得注意的是市场和保障并不能截然分开,如美国通过发放住房券让低收入者在市场上自由选择租赁房,并通过零首付、浮动利率等金融手段帮助低收入者实现"居者有其屋"计划。

二、通过立法和长期规划来保障公共住房政策的实施

住房保障需要政府制定相关法规保证措施的顺利实施。美国政府为了解决低收入居民住房和贫民窟问题,先后通过了《住房法》《城市重建法》《国民住宅法》《住房与城市发展法》等,对住房保障做了相应的规定。而新加坡1927年制定的《新加坡改造法令》至今已有近80年的历史。住房保障制度不能仅仅停留于短期的政策层面,需要将其作为一种长期规划加以考虑,特别是在住房短缺的年代更应如此。

三、公共保障类住房建设具有资金来源稳定的特征

在资金来源方面,国际上筹集廉租房建设资金主要有四个来源:政府拨款、低息贷款、发行专项债券和公房出租收益,其中政府拨款和政府担保或贴息的低息贷款是最主要的资金来源。如英国政府扶持非营利组织兴建的普通住宅和对低收入者的租金补贴,近30年来每年一直保持在占GDP的2%以上,占政府公共支出的5%左右。新加坡政府财力不仅承担居民住宅区的公共配套建设,还要担负"组屋"的维修与定期翻新,费用占政府常年预算拨款的3.8%。香港公屋建设的资金来源途径主要有两个:一是政府通过免费拨地、拨出资本和贷款提供资助;二是房委会通过出租公屋及其附属商业楼宇、出售自置居所单位获得维护及兴建公屋所需的资金。

四、公共住房供给主体具有多元化的特征

从国际经验来看,引入大量非营利组织等民间力量参与公共住房的开发、建设与管理,是解决公共住房难题的有效途径。英国的住房

供应来自3个部门，即私有企业、住房协会和地方政府。目前，住房协会逐步接替地方政府，担负向低收入家庭提供廉价住房和出租住房的责任。中国香港在1998年房委会进行改组，由政府资助部门成为自负盈亏的财政独立机构。多元化供应加大了市场竞争，提高了住房质量，稳定了市场价格。

五、健全培育市场服务体系，抑制市场投机行为

国外住房政策在保障公民基本住房权利的基础上，注意培育房地产虚拟市场、引导投资投机需求，并对房地产实体投资需求进行税收调节。市场服务体系不仅包括咨询、流通等行业，更主要的是包括实体市场和虚拟市场。虚拟市场的建立有利于合理分流住房投资投机行为。对于想投资于房地产却不想直接购买商品房或者自己建房的投资者而言，通过购买房地产基金或者不动产债券可以间接进行房地产投资。各国都开发了多种房地产金融品种，供投资者选用。例如，美国房地产金融市场非常发达，有次级债券、房地产期权等。在实体市场抑制房地产投机需求上，西方国家不仅规定短期转卖房地产从重征税，而且在保有税上加大抑制房地产投机需求的力度。英国甚至从规划角度对外国投资购房需求进行约束，以保障当地居民的自住性需求。

六、住房政策注重综合利用多种政策工具

许多国家政府通过税收、金融、法律等多种手段来实施住房政策。英国政府通过制定住房建设补贴金制度、市政住房建设援助资金计划等来刺激和方便新住房的建设；通过强制购买权政策、新城建设

计划、租户购买权政策等确保可能的资源，允许私有和公有部门建设住房及个人购买住房；通过住房改善补贴金计划等维护国家住房的质量；通过税收减免、租金控制和租金补贴等政策，帮助个人支付他们的住房贷款或租金。美国不仅拥有发达的住房金融市场，而且通过强化区域规划管理、财税手段调节（包括免税、减税、延税）、法律手段等对房地产市场进行调节。

第三节　我国保障房市场分析

一、我国2011年城市居民家庭收入构成分组的偏正态分布模型构建

根据2012年国家统计年鉴对全国65 655户进行抽样调查结果显示，我国居民收入分组见表9-2。

表9-2　我国居民收入分组

指标	全国	按收入等级分						
		最低收入户 (10%)	困难户 (5%)	较低收入户 (10%)	中等偏下户 (20%)	中等收入户 (20%)	中等偏上户 (20%)	较高收入户 (10%)	最高收入户 (10%)
调查户数/户	65 655	6 505	3 232	6 566	13 170	13 178	13 177	6 572	6 488
调查户比重/%	100.00	9.91	4.92	10.00	20.06	20.07	20.07	10.01	9.88

续 表

指标	全国	按收入等级分							
		最低收入户 (10%)	困难户 (5%)	较低收入户 (10%)	中等偏下户 (20%)	中等收入户 (20%)	中等偏上户 (20%)	较高收入户 (10%)	最高收入户 (10%)
平均每户家庭人口/人	2.87	3.30	3.32	3.20	3.01	2.82	2.67	2.57	2.53
平均每人每年可支配收入/元	21 809.8	6 876.1	5 398.2	10 672.0	14 498.3	19 544.9	26 410.0	35 579.2	58 841.9

从全国抽样家庭收入抽样来看，我国居民收入基本符合正态分布原理的中间大、两头小，即最高收入和最低收入相对较少，处于中间收入的比例较大。

我们建立一个类似正态分布来模拟我国居民收入分组的情况，由于我国城市居民平均每人可支配收入 21 809.78 元要大于中位数的 19 544.94元，也就是说我国有大于 50% 的城市居民低于平均可支配收入，为此，我们建立的是一个偏正态分布模型。该偏正态分布模型左边参数为（19545，87035981），右边参数为（21810，87035981）。

二、我国城市居民保障比例测算

我国城市住房分别设立了小康标准和保障标准，分别为人均住房面积 35 m² 和 13 m²。按照 2011 年我国住宅销售均价 5 359元/m² 以及每户人口，我们分别测算出我国城市不同收入分组居民的房价收入比，见表 9-3。

第九章 国内外保障住房市场比较分析

表 9-3 我国城市不同收入分组居民的房价收入比

指标	全国	按收入等级分						
		最低收入户 (10%)	困难户 (5%)	较低收入户 (10%)	中等偏下户 (20%)	中等收入户 (20%)	中等偏上户 (20%)	较高收入户 (10%)	最高收入户 (10%)
调查户数/户	65 655	6 505	3 232	6 566	13 170	13 178	13 177	6 572	6 488
调查户比重/%	100.00	9.91	4.92	10.00	20.06	20.07	20.07	10.01	9.88
人均35 m² 房价收入比	8.60	27.28	34.74	17.57	12.94	9.60	7.10	5.27	3.19
人均13 m² 房价收入比	3.19	10.13	12.90	6.53	4.80	3.56	2.64	1.96	1.18

按照世界银行对我国处于发展中国家给定的房价收入比3～6倍的区间，我们把我国经济快速发展考虑进来，我们取最高上限的6倍来计算。

通过偏正态分布模型计算，人均13 m² 房价收入比大于6的比例是19.8%；人均35 m² 房价收入比大于6的比例是73.9%。也就是说，就我国现阶段收入和房价来看，按最高取值6来计算，我国城市居民收入无力购买人均13 m² 住宅的人群比例是19.8%，无力购买人均35 m² 住宅的人群比例是73.9%。

第十章

中国房地产市场需要主动做空机制来对冲风险

做空机制,是指投资者因对整体市场的未来走向(包括短期和中长期)看跌所采取的保护自身利益和借机获利的操作方法及与此有关的制度总和。最典型的做空机制就是股票市场的股指期货,20世纪七八十年代,西方各国受石油危机的影响,经济活动加剧,通货膨胀日益严重,投机和套利活动盛行,股票市场价格大幅波动,股市风险日益突出。股票投资者迫切需要一种能够有效规避风险实现资产保值的手段。在这一背景下,1982年2月24日,美国堪萨斯期货交易所推出第一份股票指数期货合约——价值线综合指数期货合约。

股指期货能降低股票市场的波动,让股市回归原有价值。从国际来看,在美国证券交易所推出股指期货前的3 106个交易日,美国股市500指数的日均波动幅度高达1.872%,而推出后的6 932个交易日,该指数的日均波动幅度下降为1.283%。从我国股票市场来看,2010年4月股指期货上市,从2009年6月1日至2010年12月31日,经计算,发现沪深300指数期货上市之后,现货指数无论是振

第十章　中国房地产市场需要主动做空机制来对冲风险

幅、换手率还是涨跌幅都有明显缩小，特别是振幅，平均值由 0.022 下降至 0.021 3，而且峰度大幅降低，由 3.507 7 降至 1.148 7，偏度也有改善，由 1.605 8 左移至 1.099 9。

第一节　我国住宅商品房市场存在过热现象

衡量商品房价格合理的标志之一是房价收入比。房价收入比是指一套住房平均总价格与家庭年平均总收入之比。世界银行认为，房价收入比在 3~6 为合理区间。根据统计局公布的社会公开商品住宅房价数据显示，2012 年 1~12 月我国商品房平均价格为 5 791 元/m^2。2012 年全国城镇居民人均可支配收入 24 565 元。按我国城镇人均 32.9 m^2 住房面积和户均 2.87 个人人口计算，我国房价收入比为 7.8，超过合理区间 30%，存在过热现象。而在一线大城市，房价收入比更高，达到 15~17。

衡量商品房价格合理的标志之二是租售比。"租售比"是指每平方米使用面积的月租金与每平方米建筑面积房价之间的比值。国际上用来衡量一个区域房产运行状况良好的租售比一般界定为 1∶(200~300)。如果租售比高于 1∶200，意味着房产投资价值相对变小，房产泡沫已经显现；如果低于 1∶300，表明这一区域房产投资潜力相对较大。中国指数研究院的统计显示，北京地区房屋租售比达到 1∶434，上海地区达 1∶418，深圳、杭州均突破 1∶360，远超出国际通行标准。

衡量商品房价格合理的标志之三是房屋总价值与 GDP 的比例。美国"次贷危机"的最高点是 1.7 倍；日本在房地产泡沫破灭之前，最高不过为 4 倍。2012 年我国城镇化率 52.6%，城镇人均住房面积

32.9 m², 商品住宅平均销售价格 5 791 元/m², 我国 2012 年城镇住宅总价值为 135.3 万亿元, 我国 2012 年农村人均居住面积 37.1 m², 按 700 元/m² 重置成本计算, 我国 2012 年农村房屋总价值为 16.7 万亿元。我国 2012 年住宅总价值为 152 万亿, 为 2012 年我国 51.9 万亿 GDP 的 2.93 倍, 住宅商品房市场存在过热现象。

而按照 2012 年 12 月 31 日汇率 6.26 计算, 2012 年美国 GDP 为 135 888 亿美元, 日本 GDP 为 59 639 亿美元。我国 2012 年住房总市值是美国 GDP 的 1.78 倍, 是日本 GDP 的 4.07 倍。我国房屋总市值已经全面超过爆发次贷危机前的美国和房地产泡沫之前的日本。

第二节 做空中国住宅商品房,防范更大房地产泡沫

住宅商品房价格持续上涨会带来房地产市场的泡沫,如果不主动把泡沫戳穿,而是被动等待房地产泡沫消失将会给实体经济带来巨大的冲击,日本自房地产泡沫被动破灭到现在,一直没走出经济衰退的阴影。美国 2007 年 3 月爆发次贷危机以来, 2009 年 3 月美国股市就开始复苏,这是因为美国次贷危机爆发得比较早,基本属于早期就被发现,发现的最大原因是有做空机制,在次级贷款危机尚未全面爆发之前,花旗等还在买入次级贷款的时候,高盛就大举沽空次级贷资产,到 2007 年年末,高盛通过沽空次级贷款获利高达 40 亿美元。此举不仅成功躲避了次贷危机,而且间接地把美国次级贷危机爆发的时间提前,在次贷危机早期让其破灭。由于破灭得早,房地产的泡沫比较小,危害也相对小得多,所以美国次贷危机发生两年后美国经济就缓慢复苏。

第十章　中国房地产市场需要主动做空机制来对冲风险

住宅商品房做空机制可以让房地产泡沫提前破灭，这是因为在没有做空机制之前，所有参与商品房市场的群体获利的方式只有一种：购买房地产并持有到出售。而这种行为在房地产价格上涨时期会互相加强，房地产价格越涨，买的人越多，最后房地产价格一直攀升，直到房地产价格涨到惊人的高度，造成房地产的巨大泡沫并破灭，经济陷入全面危机。而有了做空机制，房地产泡沫在形成时期，做空的力量就在积累，当房地产价格上涨到一定幅度，做空力量与做多力量达到一个平衡，房地产价格上涨将受到抑制。此时，即使房地产泡沫破灭，对实体经济的危害也会在一个可控的范围内。

第三节　建立中国住房市场做空机制的具体措施

一、运用金融手段建立中国住房市场做空机制

做空机制最主要的手段就是金融手段，通过发行我国住房商品价格期货和债券市场，让市场来买卖住宅价格期货和沽空或者持有住房债券，实现我国商品房价格上涨和下跌都能获利的机制，完善我国过去商品房只有上涨大家才能获利的机制，实现商品房价格上涨和下跌的制约机制。

二、运用税收手段来调控我国房地产价格，保持价格的平稳

做空机制从长期来看能够很好地发现价格，实现市场有效配置资源。但短期有可能会产生波动并危害实体经济，需要政府运用税收手

段来调控,包括开征住房调节税及持有环节的征税等,来平抑住房市场价格,保持房地产业健康稳定地发展。

三、配套土地、建设和财政政策来完善我国房地产市场

对于我国住房市场,通过不同时间和空间用土地和建设配套政策来调节,在价格上升快速时期和价格上升快速热点区域,适当加大住房土地供给,提高建筑容积率来解决住房需求,而在价格下降或者地产市场不景气的时期,可以减少土地供给,并适当增加保障房供应,给低收入群体发放住房补助金来促进房地产发展。

第十一章

以"五大发展理念"引领国土工作，推进供给侧结构改革

第一节 供给侧改革内涵

推进供给侧结构性改革，是以习近平同志为总书记的党中央在综合分析世界经济长周期和我国发展阶段性特征及其相互作用的基础上，做出的重大决策部署。党的十八届五中全会顺应我国经济发展新常态的内在要求，明确了全面建成小康社会进入决胜阶段，提出了创新、协调、绿色、开放、共享五大发展理念。从"三期叠加"到"新常态"，再到五大发展理念、供给侧结构性改革，是一个不断探索、深化认识的过程。

一、如何理解供给侧改革

西方经济学中的"供给学派",兴起的背景是 20 世纪 70 年代美英等国深陷高通胀、低增长的"滞胀"泥潭。该学派强调经济的供给方面,认为需求会自动适应供给的变化。中国的"供给侧改革"不同于西方经济学"供给学派"的理论,现今中国并没有通货膨胀,经济增长有所放缓但远非停滞。供给学派给出的"药方"是私有化、减税、紧缩货币等;中国的供给侧改革是全面改革。我国的供给侧结构性改革,就是从提高供给质量出发,用改革的办法推进结构调整,矫正要素配置扭曲,扩大有效供给,提高供给结构对需求变化的适应性和灵活性,提高全要素生产率,更好地满足广大人民群众的需要,促进经济社会持续健康发展。

供给侧改革最关键的领域是化解产能过剩、降低企业成本、消化地产库存和防范金融风险。实现路径上,供给侧改革将分别在劳动力、资本、创新、政府四条主线上推进。

从劳动力主线来看,具体路径有三条:一是放开生育政策,补充人口红利;二是户籍制度改革并发展服务业,促进劳动力跨地域、跨部门流动,同时也能消化地产库存,稳定就业;三是促进扶贫,注重教育,从而提升人力资本。

从土地和资本主线来看,土地制度改革的核心在于确权和加速农用地流转,从而提高土地使用效率,抑制地产泡沫。而资本要素改革的核心在于降低企业成本、提升企业盈利,资源品价格改革降低原材料成本,减税降费加速折旧降低财税成本,利率市场化结合降息降低财务成本,养老保险体系改革降低人力成本。而提升企业盈利的另一项改革是淘汰落后产能,国企是主要承担者。

第十一章 以"五大发展理念"引领国土工作，推进供给侧结构改革

从创新主线来看：首先是构建激励机制，提升创新意愿，这有赖于资本市场的建设和直接融资的发展；其次是为企业营造宽松的成长环境，提升创新转化率，具体措施包括推进产学研结合、提供资金便利和税费减免。

从政府管理来看：一是通过反腐、打破垄断、简政放权，降低制度性交易成本；二是国企改革，通过合并重组提升绩效，为经济发展提供动力。

二、如何处理供给侧改革和需求侧改革的关系

需求侧有投资、消费、出口三驾马车，三驾马车决定短期经济增长率。而供给侧则有劳动力、土地、资本、创新四大要素，四大要素在充分配置条件下所实现的增长率即中长期潜在经济增长率。而结构性改革旨在调整经济结构，使要素实现最优配置，提升经济增长的质量和数量。2007年以来中国经济增速逐年放缓，但需求刺激效果甚微，需求不足仅是表象，供需错配才是实质，因而需要从供给端着手改革。

做好中国的供给侧改革首先要辩证地看待和处理好供给与需求的关系，在适度扩大总需求的同时，着力加强供给侧结构改革，实现由低水平供需平衡向高水平供需平衡的转变。其次要辩证地看待和处理好结构性问题，减少无效和低端供给，扩大有效和中高端供给，增强供给结构对需求变化的适应性和灵活性。还要辩证地看待和处理好政府与市场的关系，既发挥市场在资源配置中的决定性作用，又更好地发挥政府作用，用改革的办法推进结构调整，解放和发展社会生产力，提高全要素生产率。

在新的历史条件下，面对中国经济增速换挡的新常态，仅从需求

侧着手已经很难有比较大的突破，土地作为供给侧结构改革的一个重要生产要素，我们必须站位全局，在"五位一体"总体布局和"四个全面"战略布局下，深入贯彻落实十八届五中全会提出的"创新、协调、绿色、开放、共享"五大发展理念，积极探索国土资源管理新思路，深化结构性改革，扩大有效供给，提升发展平衡性、包容性和可持续性，推进供给侧改革，实现经济发展目标。

第二节 以"创新发展"为推动力，着力培育供给新兴产业

一、增加新产业、新业态用地供给

一是优先安排新产业发展用地。依据国家《战略性新兴产业重点产品和相关服务指导目录》《中国制造2025》、"互联网＋"等国家鼓励发展的新产业、新业态的政策要求，以"先存量、后增量"的原则，优先安排用地供应。对新产业发展快、用地集约且需求大的地区，可适度增加年度新增建设用地指标。二是明确新产业、新业态用地类型。国家支持发展的新产业、新业态建设项目，属于产品加工制造、高端装备修理的项目，可按工业用途落实用地；属于研发设计、勘察、检验检测、技术推广、环境评估与监测的项目，可按科教用途落实用地；属于水资源循环利用与节水，新能源发电运营维护，环境保护及污染治理中的排水、供电，污水、废物收集、贮存、利用、处理，以及通信设施的项目，可按公用设施用途落实用地；属于下一代

第十一章 以"五大发展理念"引领国土工作，推进供给侧结构改革

信息网络产业（通信设施除外）、新型信息技术服务、电子商务服务等经营服务的项目，可按商服用途落实用地。新业态项目土地用途不明确的，可经县级以上城乡规划部门会同国土资源等相关部门论证，在现有国家城市用地分类的基础上制定地方标准，向社会公开后实施。

二、以多种方式灵活供地

一是新产业项目用地符合《划拨用地目录》的，可以划拨供应；二是鼓励以租赁等多种方式向中小企业供应土地，积极推行先租后让、租让结合的供应方式；三是出让土地依法需以招标拍卖挂牌方式供应的，在公平、公正、不排除多个市场主体竞争的前提下，可将投资和产业主管部门提出的产业类型、生产技术、产业标准、产品品质要求作为土地供应前置条件；四是以先租后让等方式供应土地涉及招标拍卖挂牌的，招标拍卖挂牌程序也可在租赁供应时实施，租赁期满符合条件的可转为出让土地。

三、采取差别化用地政策支持新业态发展

一是光伏、风力发电等项目使用戈壁、荒漠、荒草地等未利用土地的，对不占压土地、不改变地表形态的用地部分，可按原地类认定，不改变土地用途，在年度土地变更调查时做出标注，用地允许以租赁等方式取得，双方签订好补偿协议，用地报当地县级国土资源部门备案；对项目永久性建筑用地部分，应依法按建设用地办理手续。对建设占用农用地的，所有用地部分均应按建设用地管理。二是新能源汽车充电设施、移动通信基站等用地面积小、需多点分布的新产业配套基础设施，可采取配建方式供地。在供应其他相关建设项目用地

时，将配建要求纳入土地使用条件，土地供应后，由相关权利人依法明确配套设施用地产权关系。三是鼓励新产业小型配套设施依法取得地役权进行建设，解决小面积土地需求。

第三节 以"协调发展"为突破口，有效构建多维度发展供给体系

一、适当增加中西部地区产业用地规模

《国务院关于中西部地区承接产业转移的指导意见》(2010年9月6日)提出要进一步加大对中西部地区新增建设用地年度计划指标的支持力度，优先安排产业园区建设用地指标。严格执行工业用地最低出让价标准，进一步完善体现国家产业政策导向的最低价标准实施政策，探索工业用地弹性出让和年租制度。"十一五"以来建设用地供应要向中西部地区倾斜，促进了区域协调发展。随着产业转移和基础设施投资加大，中西部地区土地供应量逐年上升，占全国供地比重由"十一五"的50.2%，提高到"十二五"的63%，提高了12.8个百分点；东部地区占比由"十一五"的49.8%进一步下降到"十二五"的37%。

二、提高基础设施用地比例

供地结构实现了进一步优化，基础设施用地持续增长，增速远超建设用地供应总体增幅。基础设施用地供应占比上升明显，从2003

第十一章 以"五大发展理念"引领国土工作,推进供给侧结构改革

年的18%上升到2015年的53%;工矿仓储用地占比持续下降,从2003年的41%下降到2015年的23%。

三、增加保障房等民生工程用地

实施保障性安居工程,是党中央、国务院做出的保持经济平稳较快发展、保障和改善民生的重大举措。要统筹协调土地供应结构,扩大民生用地的比例,确保保障性住房用地的需求。保障性安居工程涉及使用新增建设用地的,国土资源管理部门主动服务、提前介入、早做安排、及时办理农用地转用和土地征收手续。近年来,我国保障性住房供地占住宅供地的比例一直保持在20%以上。

第四节 以"绿色发展"为新领域,实现可持续的资源供给

一、建立供给侧生态、环境、资源管理机制

让生产者支付环境污染破坏、生态失衡、资源过度使用的负外部性成本,推动绿色生产。党的十八届三中全会明确地提出健全自然资源资产产权制度和用途管制制度。一是要明确产权主体,实现资源最佳配置。自然资源产权不清晰的直接后果就是造成资源的掠夺性使用。近年来,我国部分地区大气污染加重,雾霾围城的情景不断出现,就是因为大气作为"无主"资源被过度利用了。健全自然资源资

产产权制度和用途管理制度,就是为了明确环境、生态等公共自然资源系统的"主人",赋予其保护自然资源的动力,让其获得使用这些自然资源利益的同时,承担起保护自然资源的责任,解决公共资源的过度使用问题,实现自然资源的最佳配置和使用。二是要完善顶层设计,发挥市场调节作用。健全自然资源资产产权制度,健全国家资源资产管理体制,就是要坚持市场在资源配置中的决定性作用,以产权制度为核心,明确生态文明建设的参与主体,规范各主体的责、权、利。三是要量化生态绩效,评价生态建设成效。通过健全自然资源资产产权制度,实施自然资源产权评估,编制自然资源资产负债表,实现量化生态绩效,为生态文明建设成效评价提供科学、直观的工具。

二、划定生态保护红线

划定生态保护红线,是维护国家生态安全的需要。按照生态系统完整性原则和主体功能区定位,优化国土空间开发格局,理顺保护与发展的关系,改善和提高生态系统服务功能,才能构建结构完整、功能稳定的生态安全格局,从而维护国家生态安全。划定生态保护红线是不断改善环境质量的关键举措。当前我国环境污染严重,以细颗粒物(PM2.5)为特征的区域性复合型大气污染日益突出。划定并严守生态保护红线,将环境污染控制、环境质量改善和环境风险防范有机衔接起来,才能确保环境质量不降级、并逐步得到改善,从源头上扭转生态环境恶化的趋势,建设天蓝、地绿、水净的美好家园。

划定生态保护红线要严格按照优化开发、重点开发、限制开发、禁止开发的主体功能定位,遵循生态保护红线由生态功能红线、环境质量红线和资源利用红线构成的基本思路,研究编制关于构建国家生

第十一章 以"五大发展理念"引领国土工作，推进供给侧结构改革

态保护红线的指导意见，划定并严守生态红线，抓紧推进试点城市环境总体规划编制。研究提出城市之间最小生态安全距离，减少城镇化进程中的生态环境问题。

三、杜绝新增高能耗、高污染、高排放产业用地

环境不断被污染，与粗放式增长模式形影不离，中国对"高污染、高能耗、高排放"增长模式高度依赖，尤其是过去十多年，中国GDP翻了两番以上，但是这段时期亦恰是环境污染的代价最为沉重的时期。要严禁国家明令淘汰的落后生产能力和高耗能、高排放等不符合国家产业政策的项目转入，避免低水平简单复制；全面落实环境影响评价制度，对承接项目的备案或核准严格执行有关能耗、物耗、水耗、环保、土地等标准，做好水资源论证、节能评估审查、职业病危害评价等工作。

第五节 以"开放发展"为新格局，提升参与经济全球化的供给能力

一、有针对性地保障土地供应，确保"一带一路"战略实施

面对"一带一路"，辩证地看，国土资源部门的优势与劣势同样明显。一方面，一切建设活动都离不开土地的支撑。"一带"中，具有土地容量大、能源资源储备充足、丝绸文化底蕴深厚等多重优势。

而从矿产资源禀赋看，无论是国内沿线各地区，还是中亚、西亚沿线各国，都具有矿产资源优势。另一方面，沿线地区和国家大多处于内陆腹地，自然条件差，经济欠发达，发展底子薄。各地、各级国土资源部门行业外向型、经济型人才缺乏，开放型人才匮乏，思想观念在一定程度上还比较滞后，这都成为国土资源管理部门在"一带一路"中发展作用的"瓶颈"制约，也是国土资源服务"一带一路"的破题点。

推进"一带一路"建设，有针对性地保障土地供应，发展基础设施建设，努力使区域基础设施更加完善，安全高效的陆海空通道网络基本形成，互联互通达到新水平，加强能源基础设施互联互通合作；积极同沿线国家和地区共商加大煤炭、油气、金属矿产等传统能源资源勘探开发合作，形成能源资源合作上下游一体化产业链等。

推动"一带一路"建设需要的是智慧与胆识，包容与胸怀。"一带一路"贯穿亚欧非大陆，一头是活跃的东亚经济圈，一头是发达的欧洲经济圈，中间广大腹地国家经济发展潜力巨大。无论是"一带"，还是"一路"，其中一个明确的目的就是通过东西"陆海两头"开放，最终实现打造"带动腹地发展的战略支点"。其中的土地、矿产和海洋潜力巨大，尤其是矿产开发互通有无优势更加明显。这样恢宏的愿景，不仅是对国土资源服务的召唤，更寄予了巨大的希望和嘱托。

二、充分利用"两个市场"来配置国土资源

"一带一路"将推动国际国内"两种资源、两个市场"利用。这对于矿企来说，是拓展海外市场的重大战略机遇期。目前，国际矿业进入低谷期，这恰恰是我国矿业发展理念转型和产业集约化、规模化

第十一章 以"五大发展理念"引领国土工作，推进供给侧结构改革

及结构深度调整、矿业结构调整的良好时机。我们应当充分利用"两种资源、两个市场"，主动承接产业转移，利用大通道，促进大发展。当前，尤其需要加大矿业投资开发"引进来、走出去"的力度，推进油气、煤炭等重点矿产领域的改革。全国国土资源工作会议也提出，要围绕"一带一路"建设，以地质调查和矿产资源潜力评价为抓手，促进矿业企业"走出去"。

此外，对于基础设施投资增长和其他能源开发，"一带一路"同样起着助力作用。建设初期必然是铁路、公路、油气管道等基础设施的建设。随着基础设施的逐步完善，我国西部及中亚地区廉价的煤炭、石油、天然气等能源产品将逐步打开区域外市场。而在建设的中后期，随着经济总量的增长，也将带动能源需求的增长，进而推动能源资源的开发利用。

第六节 以"共享发展"为新导向，着力提升公共服务供给水平

一、探索赋予农民关于农村土地更多财产权利的制度

一是在坚持和完善最严格的耕地保护制度的前提下，赋予农民对承包地占有、使用、收益、流转及承包经营权抵押、担保权能，允许承包地的经营权向金融机构抵押融资。鼓励农村土地承包经营权在不改变土地用途的前提下，向法人农业公司、农业龙头企业、农民合作社、家庭农场、专业大户流转。探索建立工商企业流转农

业用地风险保障金制度，严禁农用地非农化。

二是允许农村集体经营性建设用地出让、租赁、入股，允许农村集体经营性建设用地用于工业、商业、旅游业、服务业建设，实行与国有土地同等入市、同权同价。制定农村集体建设用地使用权收益分配使用管理办法，建立兼顾国家、集体、个人的土地增值收益分配办法，提高农民在土地增值收益中的分配比例。

三是慎重稳妥推进农民住房财产权抵押、担保、转让试点工作。党的十八届三中全会允许农民住房财产权抵押、担保、转让，2015年8月启动的农房抵押试点意见中明确规定，农民住房财产权设立抵押的，须将宅基地使用权与住房所有权一并抵押，宅基地抵押也得到允许。《深化农村改革综合性实施方案》提出探索宅基地的有偿使用制度和自愿有偿退出机制，探索住房财产权抵押、担保、转让的有效途径，相当于又进了一步。2015年8月农业部等部门下发《关于积极开发农业多种功能大力促进休闲农业发展的通知》，在用地政策中明确提出，支持农民发展农家乐，闲置宅基地整理结余的建设用地可用于休闲农业，加快制定乡村居民利用自有住宅或者其他条件依法从事旅游经营的管理办法。

四是全面推进农村土地承包经营权、集体土地所有权、宅基地使用权、集体建设用地使用权、房屋所有权、小型水利工程产权的确权登记，核发相应的权益证书。因地制宜采取确权确地或确权确股不确地等不同方式，积极稳妥地推进农村承包土地确权登记。深化集体林权制度改革，积极推进林权配套制度改革，凡已明晰产权、完成登记发证的林地、林木，可依法继承和抵押贷款，在依法、自愿、有偿，不改变用途的前提下，可采取转包、出租、转让、互换、入股等方式流转林地经营权和林木所有权。加快建立较为完善的集体土地范围内农民住房登记制度。

第十一章 以"五大发展理念"引领国土工作，推进供给侧结构改革

二、推进农村土地征收、集体经营性建设用地入市、宅基地制度改革试点工作

农村土地自身的改革基本方针已经确定，即"明晰所有权、稳定承包权、放活经营权"，在落实农村土地集体所有权的基础上，稳定农户承包权，放活土地经营权。按照能放则放原则，加快研究制定不同类型农村土地的管理办法，有序推进农村土地承包经营权流转，探索农村宅基地流转、集体经营性建设用地入市等工作。

一是完善土地征收制度。针对征地范围过大、程序不够规范、被征地农民保障机制不完善等问题，要缩小土地征收范围，探索制定土地征收目录，严格界定公共利益用地范围；规范土地征收程序，建立社会稳定风险评估制度，健全矛盾纠纷调处机制，全面公开土地征收信息；完善对被征地农民合理、规范、多元保障机制。

二是建立农村集体经营性建设用地入市制度。针对农村集体经营性建设用地权能不完整，不能同等入市、同权同价和交易规则亟待健全等问题，要完善农村集体经营性建设用地产权制度，赋予农村集体经营性建设用地出让、租赁、入股权能；明确农村集体经营性建设用地入市范围和途径；建立健全市场交易规则和服务监管制度。

三是改革完善农村宅基地制度。针对农户宅基地取得困难、利用粗放、退出不畅等问题，要完善宅基地权益保障和取得方式，探索农民住房保障在不同区域户有所居的多种实现形式；对因历史原因形成超标准占用宅基地和一户多宅等情况，探索实行有偿使用；探索进城落户农民在本集体经济组织内部自愿有偿退出或

转让宅基地；改革宅基地审批制度，发挥村民自治组织的民主管理作用。

四是建立兼顾国家、集体、个人的土地增值收益分配机制，合理提高个人收益。针对土地增值收益分配机制不健全，兼顾国家、集体、个人之间利益不够等问题，要建立健全土地增值收益在国家与集体之间、集体经济组织内部的分配办法和相关制度安排。

第十二章

有关国家和地区土地租赁
到期后的处理办法

当代世界不存在绝对的土地私有产权,全世界几乎所有国家都对土地用途进行管制。权属是为了使用,干预使用就是干预权属。可以说,土地使用权实际上在国家与法律意义上的所有者之间发生了分割,即使在美国,土地使用权也是受到极其严格控制的。

在英国、中国香港、芬兰、新加坡等国家和地区,使用土地的主要方式是通过租赁而非土地所有权实现的。

第一节 英 国

英国土地出租的方式有四种:第一种是出让制,即土地所有人一次性收取出租期内的地租,这与我国的土地使用权出让相同;第二种是固定地租年租制,即以年为单位计算和收取地租,地租在租赁期内不做调整;第三种是变动地租年租制,即按年计算和收取地租,地租在租赁期内定期调整；第四种是出让年租混合制，即第一种、第三种方式的混合，提前收取部分地租，余下部分按年计算和收取，地租在租赁期内定期调整。

过去，英国土地出租以第二种方式为主，土地所有人出租土地后获得的是长期稳定的收益。但随着第二次世界大战后通货膨胀的出现和加剧，现在转为以第三种方式为主、以第四种方式为辅。在通货膨胀严重的年代，第二种方式的弊端在于出让金或地租随通货膨胀而贬值，土地资产产生的收益主要为土地承租人所获取，土地所有人的权益受损；而第三种和第四种方式保证了土地所有人和承租人都能从土地增值中获益。

一、土地到期后续期办法

英国皇室过去以第一种和第二种方式出租土地，在20世纪50年代以后的通货膨胀中，每年以这两种方式收取的地租的实际价值越来越小。因此，皇室在20世纪60年代后到期的土地租赁均采用第三种和第四种方式，并以第三种方式为主。

20世纪50年代末是英国的土地租赁由第二种方式向第三种方式转化的时期。在此之前以第二种方式批出土地租赁权的土地所有者，除了低价卖掉其地租收益权，即土地所有权外，就只有苦等契约到期了。

二、到期后续期时间

英国土地租赁期限十分灵活，历史上曾经盛行999年的期限，19世纪和20世纪初，广泛使用99年的期限；20世纪60年代以后为迎

第十二章 有关国家和地区土地租赁到期后的处理办法

合机构投资者的需要将商业、办公用地的期限确定为125年；20世纪90年代以后又延至150年，对其他非机构投资者或用地者的期限则是各不相同的。土地租赁期限还可根据租赁双方的需要，在租约远未到期时加以调整。如纽卡斯尔市政府在1999年为筹集资金进行市政建设时，出售了它拥有的商场的股权，只保留地租收益权。当时商场已使用20多年，其99年土地租赁权只剩70多年，不符合机构投资者的要求，纽卡斯尔市政府将土地租赁权延长到125年，以提高其股权的价格。住宅的土地租约同样也可以在租期中段延长，以提高住宅的价格，方便土地租约剩余期限不长的住宅转让。

三、地租缴纳办法

土地所有人可以出让土地，一次性收取出租期内的地租，也可以采用固定地租年租制，以年为单位计算和收取地租且在租赁期内不调整地租，但随着第二次世界大战以后通货膨胀的出现和加剧，土地所有权人获取的出让金、地租的实际价值越来越小，因而转向变动的年租制，按年计算和收取地租、定期调整地租，有的也采用出让年租混合制，提前收取部分地租，余下部分按年计算和收取，定期调整地租。

地租一般占房地产租金收入的10%~15%，部分达到20%。由于土地所有人对房地产出租有发言权，要求房地产出租时要达到市场租金水平，因此地租实际上是房地产市场租金的一个百分比。住宅用地地租的计算则要考虑承租人的承受能力，将部分地租计算在售价内，每年缴纳的地租一般只占房价的很小比例。如利兹市的一幢多层住宅，每单位房价平均是15万英镑，地租平均每年为250英镑。

为了消除通货膨胀的影响，自20世纪60年代起，新的土地租赁规定地租定期调整。最初地租评议期定为33年，后缩短到21年、14年和7年，目前普遍采用的地租评议期为5年。地租评议时，同类房地产的市场租金是调整地租的主要依据。商业、办公用地一般规定地租只升不降。房地产租金下降，地租维持原来水平；若房地产租金上升，则按原来确定的比例增缴地租。其他地租的调整则按签约时定下的方式调整，如按当地零售价格指数。相对而言，住宅的地租调整期长，每次调整的幅度也不大。

第二节 中国香港

中国香港特区政府控制着这个城市最有价值和最稀缺的资源——土地。政府通过公共土地批租，向私营机构和准公共机构分配土地以用于住宅和工业开发。公共土地批租制度的许多特征源于1884年英国首次入岛时确定的制度。香港特区政府确定了土地批租方针：一是只向公众租赁而不出售土地；二是通过公开拍卖授予土地开发权；三是确定用于拍卖的地块的最低价格；四是与拍卖中出价最高者签订租约；五是禁止在未向政府通报的情况下进行任何私人土地交易。

一、土地到期后续期办法和续期时间

19世纪40年代出现了两个混乱且颇具争议的时期。1843年，土地承租人抱怨租期太短（75年租期且不续租）；1848年中国香港总督提议把租期从75年延长至999年，英国国务秘书勉强接受了总督的

第十二章 有关国家和地区土地租赁到期后的处理办法

建议,因为担心承租人的不满情绪可能激化、土地租金收入可能减少。随后,所有的 75 年租约都延长为 924 年,而且不收任何费用。在随后的 50 年中,中国香港所有的土地租约,除九龙半岛的一些地块外,都是 999 年租期。在 1997 年之前,中国香港商业中心区的最昂贵的部分地块都是当时批租的,拥有 999 年租期。

二、到期后续期地租标准

1898 年,英国政府开始认识到,租期过长导致政府无法与承租人一同分享土地升值的收益。因此,立即命令总督不许再新批 999 年租期的租约,代之以 75 年可再续租 75 年,且不另收费租约。政府只要求承租人在租期期满后支付按新标准制定的租金,租金标准由公共工程局主任确定。此后,75 年租期成为标准租期,直至 1997 年香港回归;1997 年后,一般土地租期都为 50 年,与保持中国香港现状 50 年不变的承诺一致。

1898 年后,中国香港土地批租制度的结构越来越复杂。基于制度的历史沿革,现在中国香港特区政府依据土地批租制度向私营部门分配土地权。在租约中,要陈述私人承租人获得政府授予的土地开发权的数量和类型,明确承租人享有的租期期限。政府拥有土地所有权,而私人承租人只拥有租赁期内的特别土地权。在租期内,承租人可将土地开发权转让给其他人,承租人有权获得来自于土地开发和交易的所有收益,但要向政府缴纳地价、年租金、财产税和物业费。

第三节　芬　兰

一、土地到期后续期办法

在芬兰地方和区域管理协会签订的合同中，当土地用于住房建设时，承租人有权续签合同，当合同过期，承租人可以续签合同。若合同没有续签，出租人必须补偿承租人土地开发的费用。

在芬兰，出租者只有在承租人没有缴纳租金、忽略土地维护、不按合同条款规定使用土地，以及没有在规定期限内开发土地等情况下才有权废除土地合同。若政府基于公共利益而不得不终止租赁合同，可以选择与承租人进行协商以转让权利或者强制购买。对于合同到期时对土地开发进行赔偿的问题，芬兰通常运用法律和特殊的合同条款来解决。这些法律文件一般规定：出租人必须赔偿承租人的开发费用，通常，考虑到折旧问题，赔偿费定为建筑技术价值的60%~70%；对于工业用地而言，只有双方在合同中明确规定，才需要支付赔偿金，若事先没有明确的合同条款，当合同到期时，承租人必须彻底推翻和挪走土地上现有的建筑和设备。

针对土地租赁可能不能给承租人类似所有权的心理满足，芬兰采取的一个方法就是授予承租人向其他人出售租赁权益和建筑权利或者以遗产的形式分配。承租人可以出售、捐赠或者作为遗产的形式将他们的土地租赁权及土地上的建筑转让给其他人。

第十二章　有关国家和地区土地租赁到期后的处理办法

二、续期时间

在芬兰租赁法案规定了不同类型土地合同的期限,一般而言,住宅用地的租赁期为30~100年,带有建筑物的农业用地租赁期最多15年,对无建筑物的农业用地的租赁期最多10年,工业用地期限则可由合同双方协议确定。当租约到期时,承租人可以续签土地合同,如果不续约,出租人必须给予承租人地上建筑物的补偿。土地继续用于住宅用途时土地承租人有权自动续约。相反,工业用地租赁合同则不能自动续约。

三、续期地租确定办法

若合同双方能够制定一种机制以确保土地租金计算的公平性,调整土地租金就不存在问题。避免不必要争端的一个方法是在合同条款中明确规定基础租金和以后租金的调整方法。

芬兰确保公平租金的目标是通过两种途径达到的。一是制定租赁法令,包括解决合同双方矛盾的仲裁方法;二是芬兰公共当局所采取的行为受公共审查和评判部门的监督。这样就可以防止政府出租人对承租人收取不合理的租金。

第四节　瑞　典

在瑞典,土地租赁合同不会在一个特定的时刻自动过期。第一个期限是60年,接下去是40年,这样承租人可以保证长期拥有土地。

对用于工业发展的土地租赁合同,最短的期限也不少于20年。

在瑞典,政府有权废除土地合同的原因是政府可能需要土地进行其他建设,他们主要通过一些平稳的措施来收回土地。若房屋土地租赁合同终止,土地所有人必须购买土地上的所有建筑物和其他固定设施;若是工业土地租赁合同,双方可以协商购买部分或不购买土地上的建筑和固定设施。若政府想在合同到期前获得租赁土地则有两种做法:其一,可以像其他一些私人个体一样,向承租人购买租赁权;其二,进行征收,并说明土地需要用于城市发展或公共使用。对于不同用途的土地,政府的开发赔偿力度是不一样的。如上所述,工业租赁与房屋租赁的赔偿问题之所以不同,原因在于工业建筑通常是因为特殊目的而建造的。对于这些特殊建筑的价值,由于其没有明确的市场价值,难以进行客观公正的评估,而且许多用于工业的房屋地基难以用作其他用途。

第五节 国外土地到期续期总结

外国政府设立国有土地租赁制度,土地到期管理主要体现在两个方面——规划和财政。

一、政府的规划权利与承租人的使用权

政府选择以签订长期租赁合同的形式而不是出售所有权的形式分配土地,这样政府能比单纯的土地规划掌握更多的权利,也是对承租人使用权利的限制。土地租赁赋予政府更多的规划权利包括以下几种。

第十二章 有关国家和地区土地租赁到期后的处理办法

第一，长期控制土地的使用。通过所有权转让形式出售的土地，其使用方式是和第一任买主商量决定的，并且在必要的时候能够通过法律强制实行。然而，这很难强迫其后的土地所有者都遵守这项条款。若不是通过所有权转移，而是以租赁的形式，条款就很容易持续执行，因为出租者仍拥有土地的物质利益。这样就能持续维护公共设施，管理土地上零售业和商业的性质。

第二，责成承租者维护租赁土地上的建筑。这一点对已经开始退化的老城市尤为重要，并且在单纯的法定城市规划权下是很难达到的。

第三，促使土地适合未来发展规划。如果政府想再开发一个地区，就必须获得这个地区的土地所有权。若友好的土地收购不能成功，政府可以强制购买。但如果政府保有土地所有权，仅出售土地租赁合同，土地就较容易被开发，因为违背承租人的意思终止合同要比强制获得土地所有权来得容易些。当然，在租赁合同中通常应包括这样一个条款："若政府要在合同到期前废除合同，他们将付出一定的费用，数额与强制购买该地产的价格差不多。"

综上所述，通过国有土地租赁获得的附加权利与通过出售土地所有权获得的权利相比，前者可以为政府获得在开发后的规划和控制土地与建筑的权利。

二、政府的收益权与承租人的开发权利

采用土地租赁方式分配建设用地而不是私人所有制，其中一个原因就是政府可以获得预期土地价值增加的利益。政府获得土地增值的收益主要通过以下几个方面来实现。

第一，合同期限。从世界各国的土地租赁制度来看，首先可以通

过修改合同期限来实现。荷兰、瑞典等国已逐步开始实行浮动地租,改革方式为:初始地租的设定方式保持一样,改变在租期内的地租,一般为每5年(或一定年限)按通货膨胀调整地租。调整必须反映土地的产出和不足,从而保证土地所有权未来的经济价值。

第二,对开发权利的限制。可以通过承租人对开发权利的限制使作为出租者的政府获得土地增值的利益。租赁合同通常规定合同只适用于规划制度下的开发权利,若承租人再开发土地(增加土地的使用密度或产生更高的使用价值),都会导致土地价值上涨。根据合同规定的条款,承租人必须获得出租者(政府)的允许,并且一旦土地发生使用变化,征收的地租也会随着改变。政府通常情况下会允许承租人的新开发权利,因为这是增加收入的一种方式。在以色列,这部分政府允许承租人额外开发权利的费用称为允许费。

第三,对市场权利的限制。政府部门通常会授予承租人合同转让权,但是会利用这个机会征收土地价值增加的费用。以色列的基本规定是获得土地自然增值产生利润的市场权利部分归承租人,部分归土地管理部门。这种以出售或馈赠的形式转让土地的税收费用称之为同意费。

第十三章

其他国家和地区房地产税收情况

本章主要分析了部分市场经济国家或地区的房地产税收制度，总结其在房地产税制设计、税基评估、税率确定、税收征管等方面的通行做法和特征，为我国房地产税收制度改革提供借鉴和参考。

第一节 房地产税是地方政府税收和财政收入主要的稳定收入来源

由于土地和房屋具有供应固定、位置不可移动、易于征税的特性，房地产税是各国政府普遍征收的主要税种之一。从各国的税收实践看，以财产税方式征收的保有环节税收是地方政府的主体税种，是地方政府税收收入和财政收入的主要来源，见表13-1。房地产税主要用于公共教育、消防、公园、医院等地方政府提供的各项公共服务。如美国财产税（80%以上来自住宅物业和商业物业税）占地方政府税收的72%，占地方政府本级财政收入的45%，占地方政府所有财政收入的27%。日本不动产保有环节税收主要是固定资产税和城市规划税,2012年两项合计占地方政府(市县级)税收收入总额的49.9%。

表13-1 部分市场经济国家和地区房地产税收入占地方政府收入比重

国家/地区	税目名称	房地产税占地方政府税收收入比例	房地产税占地方政府本级财政收入比例	备注
美国	财产税	72.3%	45%	2008年,数据来源:美国统计局网站
英国	住宅税、经营性不动产税	—	27.8%	2009~2010财年英格兰数据,数据来源:http://www.communities.gov.uk/
日本	固定资产税、城市规划税	49.9%	—	2012年固定资产税和城市规划税占市町村税收收入比 数据来源:日本总务省平成25年(2013)版地方财政白书
澳大利亚	土地税、议会税	28.69%	—	2009年,数据来源:澳大利亚统计局
中国台湾	地价税、房屋税、土地增值税、契税	76%	—	2007年,数据来源:蔡红英等,《房地产税国际比较研究》,中央财政经济出版社2011年版

第二节 市场经济国家房地产税以保有环节税收为主

市场经济国家房地产税以保有环节税收为主,但在房地产市场波动较大的情况下,常将流转环节税收作为调控手段。

房地产税收体系主要包括:取得环节税收、保有环节税收、流转环节税收三大类;市场经济国家总体表现出重保有、轻流转的房地产税收特征。保有环节税收主要用于为地方政府提供稳定的财政收入，而流转环节税收则通常在房地产市场波动较大的情况下，作为调节房地产市场的重要调控手段。如部分亚洲地区国家近年来出现了土地或房屋价格持续高涨，房地产投资和投机行为较为活跃的情况，这些国家和地区通常会在保有环节税收的前提下，加重流转环节的交易费用和资本利得，抑制短期炒作，将交易环节税作为政府调控房地产市场的常用手段。

以韩国政府为例，2007年提高"一户多宅"转让资本所得税税负，对拥有不足两年和"一户三宅"以上的不动产按其交易额征收税率提高到60%。同时，对别墅、高尔夫球场、高级住宅、高级娱乐场、法人的非业务用地，从中征收5倍取得税。中国香港特区政府2012年以来，开征"买家印花税"，提高"额外印花税"税率和年期，征收"双倍印花税"。系列新政出台后，有效抑制了短期投资投机的炒房行为。

第三节 税率的设定

税率的设定很重要，决定权通常在地方政府。税率确定主要考虑促进公平、满足财政预算、调控缩小两极分化。通常税率相对固定，但会有所调整。

设定税率是房地产税制设计中最重要的步骤。有的国家和地区由中央政府统一决定，多数国家由地方政府制定，但接受国家最高税率的限制，或完全由地方政府制定。许多对财产税有决定权的机构都偏向于制定低税率，因为如果税率过高，会引起公众的不满和抵制，但如果税率过低，税收体系成本效率就变低。总的来说，有比例税率和累进税率两种形式。比例税率的优点是简便易执行；累进税率政策的意图是想把市政服务的成本转移到更有能力支付的人身上，通常认为适度的累进税是有益的，但其缺点是过高的累进税可能会产生负面影响，引起高价值部分逃税，低价值那部分不值得征收。

例如，美国没有统一的房地产税税率，地方政府享有确定财产税税率的权力。地方政府根据当年的预算、应纳税财产的总价值、其他收入来源等变量确定当年的房地产税税率，如图13-1所示。各州财产税的实际税率大部分维持在0.5%～3%，其中实际财产税税率约为1.5%。

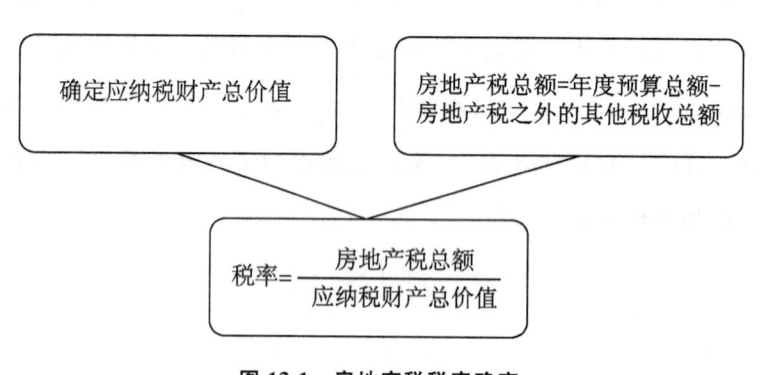

$$税率 = \frac{房地产税总额}{应纳税财产总价值}$$

其中：
- 确定应纳税财产总价值
- 房地产税总额 = 年度预算总额 - 房地产税之外的其他税收总额

图 13-1　房地产税税率确定

第四节　税　基

税基是房地产税征收的基础，税基评估准确与否是房地产税收是否合理、公平的关键。从市场经济国家通行做法和发展趋势看，通常都成立政府或准政府的专门评估机构，有较完备的税基评估体制和先进的技术工具，批量评估技术被广泛应用，以房地产市场评

第十三章 其他国家和地区房地产税收情况

估价格作为计税依据，而且建立动态评估机制，每年评估或定期重估，见表13-2。

表13-2 税基评估机构及计税依据

国家/地区	评估机构	评估机构隶属	定期评估	计税依据	个人住房税收减免
美国	房产评估办公室	各州、县地方政府直属机构	1～10年	评估价值（一定比例）	按财产价值给予一定比例免税额
加拿大	集中评估机构	省政府和地方政府	1～5年	市场价值或一定比例（各省不同）	根据用途和所有者给予减免
德国	房地产公共评估委员会	州、市级成立独立评估机构	每年更新绘制一张新的地价图	指导价	居民自由自用第一套住宅（不包括度假村）免征房产税
英国	评估办公室、评估局或评估委员会	国税与海关局下属的评估办公室	每5年重估一次	评估价值	根据纳税人和房地产类型减免
澳大利亚	总评估师办公室	各州政府成立	4～7年	土地市场价值	多数州对第一套或一定价值以下住宅免征土地税
日本	中央固定资产评估委员会	中央政府	每3年重估一次	公示地价的70%	200 m² 以下住宅，按评估值的25%计
中国香港	中国香港差饷物业估价署	中国香港特区政府	每年评估一次	差饷租值	根据纳税人情况，可以得到政府补贴

例如，德国对地价、房价、房租实行"指导价"制度，各类地产价格由独立的地产评估师评估认定。评估师对自己的评估结果负责30年，对评估中的错误负有法律责任。德国政府按照联邦建筑法成立各地"房地产公共评估委员会"，负责制定当地的基准地价或指导地价。这类指导价具有法律效力，所有的地产交易有义务参照执行，在合理的范围内浮动。

第五节 不动产登记机构

发达国家（或地区）普遍都设立了以土地为中心的统一的不动产登记机构，建立了完善的不动产登记制度，实现了产权明晰和总归户，为房地产税实施提供了基础和依据。

从国际上看，登记机构主要有三种模式：一是行政机构负责登记，比较普遍，如南澳大利亚州负责土地登记的是州环境与自然资源部直接领导下的州土地登记局；二是准司法机关，如英国的土地登记机构是土地登记局，在行政上隶属司法部领导；三是司法机关，如德国的土地登记机构是地方法院内设立的土地登记局，一般设立在县一级，但其事务须接受州政府的领导。

不动产登记解决了"什么人、在什么地方、占有什么样（价值、面积）的不动产"等问题，为房地产税顺利实施提供了依据。完善的不动产登记制度，也明确了财产权关系，保障了权利人利益和交易安全。通常，不动产登记机构建立了以宗地为基础的不动产信息系统，实现了登记电子化。基于安全和效率的目的，国际上一些国家开始推行强制登记，如英国从1992年开始要求土地在出售时必须强制登记；美国物业产权法规定，所有物业产权的设立、变更与终止必须进行登记，未经登记的，不得对外销售；在瑞典无论是地籍管理、土地登记，还是税务部门用户，都可以一站式获得所有相关信息服务。部分发达国家或地区不动产登记机构见表13-3。

表13-3 部分发达国家或地区不动产登记机构

登记机构的性质	国家或地区	不动产登记机构
行政机关	法国	抵押权登记机构
	澳大利亚	各州土地登记局
	意大利	经济财政部下属的一个机构
	美国	各州的县政府
	加拿大安大略省	地产权利登记处，隶属消费和商业关系部
	中国香港地区	土地注册处
	中国台湾地区	地政机关下属的地政事务所
准司法机关	英国	司法部领导下的土地登记局
	新西兰	司法部领导下的土地登记办公室
	日本	法务省下的法务局
	中国澳门地区	行政法务司下属的法务局下的物业登记局
司法机关	韩国	地方法院内的登记所
	德国	地方法院内设立的土地登记局
	瑞士	地方法院主管下的土地登记所

第六节　房地产税收制度的实施

完备的法律体系，规范的征收程序，严格的监管和处置措施，保障了房地产税收制度的实施。

第一，程序规范，异议者有申诉机制。从房地产税收体系比较完善的国家看，通常都遵循产权登记—价值评估—税单发放—纳税人主动缴税的流程征收房地产税。并且在应税房地产价值评估结果出来后，为有异议的纳税人留有一定时间的申诉期。各国对房地产税基评估结果争议的处理，体现出几个特点：一是对评税结果进行公示，增强信息透明度，鼓励纳税人进行监督；二是程序上分为三个层次，向当地税基评估机构申诉—向政府符合委员会申诉—向法庭申诉；三是争议不能延迟纳税，通常先纳税，申诉结果出来后进行相应的退补。这一系列措施既保证纳税人权益，又提高了纳税效率，降低税收成本。

第二，为提高纳税人积极性，有些国家对及时缴税或一次性缴纳全年税款的给予一定程度的税收折扣。例如，英国规定，纳税人能在年初一次性缴清税款，可以享受一定的税额折扣；巴西的部分地区对一次性缴纳全年税款的，给予5%~6%的折扣；墨西哥各州通常在每年一二月份开始征收房地产税，如果居民在特定日期前缴纳，还可享受一定折扣，如1月1~17日缴纳房地产税的居民可享受7%的折扣，在18~31日缴纳的可享受3%的折扣。

第三，各国在征管中均存在一定程度的税款拖欠问题，许多国家和地区都对拖欠问题采取了一些强制性措施。①中国香港特区政府对欠缴税收征收 5%～10% 的附加费,如果欠款不交,政府可申请楼宇押记令(俗称"钉契"),禁止该物业在押记令取消前转让。②美国对未能按期缴纳房产税者处以罚款,另按法定利率加计利息,并留有处置财产权的规定。如果逾期不能上缴房产税,可以采取没收或拍卖房产的办法补缴税款。以洛杉矶为例,逾期未缴税会有 10% 的额外罚金,逾期 3 年未缴税会导致房屋被没收拍卖。③英国政府对未按时缴纳房地产税者予以罚款,恶意拖欠者可在法庭的授权下冻结欠税者的收入或财产以冲抵税款。逾期未缴者会被地方法庭传唤,对提供虚假资料者,还可能剥夺其选举权。④加拿大政府对逾期未缴纳不动产税者,会处以罚款和增收利息,连续 3 年欠缴,政府有权将不动产拍卖。

第十四章

相关国家和地区公示地价情况及应用

公示地价是以维护经济和市场的平稳健康发展为目标,遵循公开市场价值标准评估,并经政府确认、公布实施的地价。在我国,公示地价包括基准地价和标定地价等。基准地价是在土地利用总体规划确定的城镇可建设用地范围内,对平均开发利用条件下,不同级别或不同均质地域的建设用地,按照商服、住宅、工业等用途分别评估,并由政府确定的、某一估价期日法定最高使用年期土地权利的区域平均价格。标定地价是政府为管理需要确定的,标准宗地在现状开发利用、正常市场条件下,与某一估价期日法定最高使用年期下的土地权利价格。

第一节　公示地价是地价管理和不动产课税的核心基础

目前实行地价公示制度的国家和地区主要有日本、韩国和中国台湾,此外,德国也制定了土地公开参考价(基准地价),实行地价公示制度。在这些地方，公示地价是地价体系的核心。

日本 20 世纪 60 年代末建立公示地价制度，我国台湾地区随后跟进，德国 20 世纪 70 年代也建立了完善的基准地价体系，韩国 20 世纪 80 年代末开始效仿日本建立类似制度。

各国建立公示地价制度的时期均是在产业结构调整和城市化加速的过程中，大量人口向城镇集聚，投机加剧，地价飙升这一阶段，其目的是稳定不动产市场，促进合理地价的形成。公示地价的普遍操作方法是：划定地价公示区域，设立固定标准宗地，定期评估并公布价格指标。其作用是形成全社会的地价客观水平参照指标，促进合理的价格体系形成，使土地评估及市场交易更具平衡性和合理性，也为各类土地相关税基的确定奠定良好的基础。

第二节　国外和周边地区公示地价及在征税中的应用

一、公示地价种类

目前，公示地价主要有两种类型：一类是区域地价，德国公示的基准地价、中国台湾地区的标准地价和公告现值、中国的基准地价等都属于这一类型；另一类是宗地地价，如日本公示的标定地价、韩国的标准地公示地价、中国台湾地区的公告地价、中国的标定地价等。

二、公示地价的制定办法

日本以 1969 年《地价公示法》的实施为开端，具体制定由地价委员会委托不动产研究所组织全国有资历的不动产鉴定师评估并综合测算完成。其操作方法为划定地价公示区域，设立固定标准宗地，定期评估并公布价格指标，共设定标准宗地2.6万~2.8万宗，逐年据实际情况调整。

韩国1989年引进日本公示地价，参照其公示地价的做法，对全国3 054万宗地的50万宗每年评估后公布标准地公示地价。

我国台湾地区的标准地价由地政机关抽查近两年土地市值及收益价格，作为查定标准地价的依据，抽查宗数视具体情况而定。依据调查结果将地价相近及地段连接或地目相同的土地划分土地等级，再将其中中低平均数或中位数作为县市机关报请政府公布的标准地价。公告地价由地政机关分区调查1年内土地交易价格或收益价格；据调查结果划分地价区段，设立区段地价，提交地价评议委员会审定，计算宗地单位地价，每3年更新一次。公告现值由市县政府动态调查地价，绘制地价区段图，1年公示一次。

德国的土地公开参考价由各州的估价委员会把各城市分区域的地产交易价格进行整理，分区域求算平均价格并公布于众，反映土地市场中地价的分布状况和变化趋势，制成标准地价表和地价图公布，每年更新一次。

三、公示地价的应用

（一）日本

在日本，公示地价是不动产征税的基础，通过灵活调整的土地税制，促进土地流动，提高利用效率。在土地的取得、保有、转让等各阶段设立不同的税目，同时，为促进土地利用，在特定时期实施各种特例措施。例如，在泡沫时期，固定资产税、地价税，以及对转让环节税率的提高均发挥了有效的抑制作用。其中,固定资产税以地价公示的70%左右为基准,遗产税以地价公示的80%左右为基准。日本的主要土地税目设置如图14-1所示。

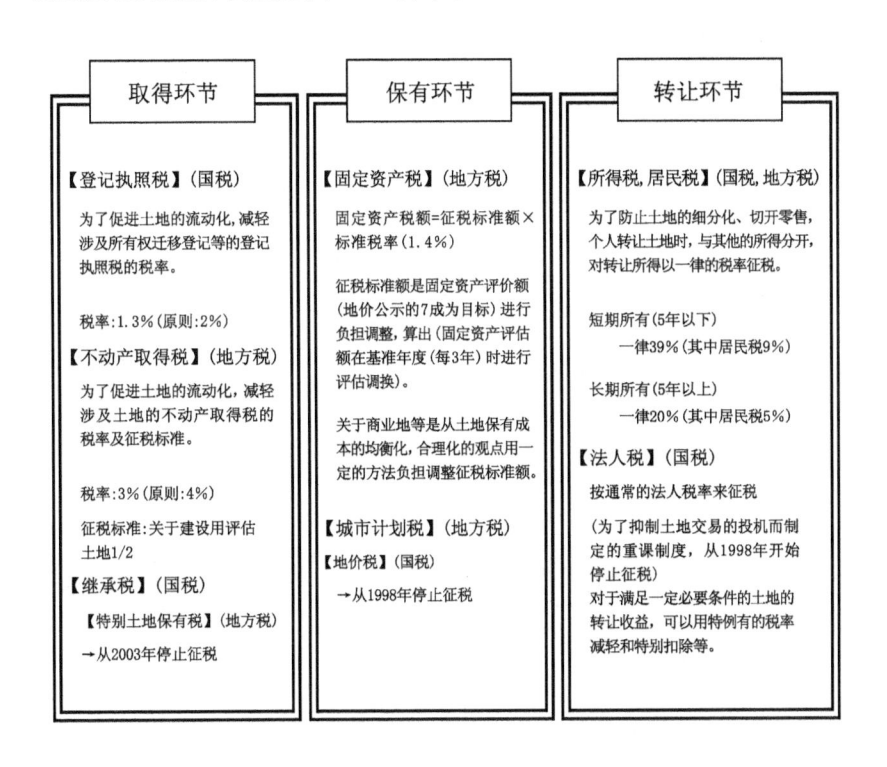

图 14-1　日本的主要土地税目设置

（二）韩国

韩国的标准宗地公示地价适用于国有土地处置、买入、出售、拍卖、再评估等。适用于国税（出让所得税、赠与税、继承税、综合不动产税）和地税（土地财产税、土地取得税）的征缴。具体数值据50万宗标准地公示价通过19项系数修正得出。

韩国的公示地价在征税的应用与日本类似，这里不予详述。

(三) 德国

德国公示的基准地价主要应用在不动产抵押、转移等价格的评估方面，德国的不动产税极低（单栋别墅的不动产税仅为 200 欧元左右），标准宗地在税制方面应用较少。

第十五章

完善我国房地产市场金融政策

第一节 我国房地产税收政策

一、房地产调节税

（一）征收房地产调节税的目的

一是加大持有多套住房者的成本，促进存量房释放，增加房地产市场有效住房供给；二是抑制投资、投机性购房，引导居民合理消费；三是引导调节房地产开发企业过高利润，引导资金向其他产业流动；四是使富裕人群积压在房地产市场的实物资产得到释放，流向其他投资。

（二）征税对象

按户征收不动产调节税，每户第三套以上（含第三套）住房从价征收不动产调节税。如一户只有一人，从第二套起征不动产调节税，即对个人一套、家庭合计两套住房免征不动产调节税。根据家庭持有的不同住房类型、不同户籍情况，又可细分如下。

拥有三套（含三套）及以上商品房的，由产权人自选免征的第一、二套，剩余套数每年征收。

同是安居房、商品房的，第一套安居房70年使用权期内免征，商品房从第一套即开征。

家庭持有多套房屋（包括房改房、经济适用住房、定向安置房、集资合作房等政策性住房及商品房），免征限一套（自选），其余住房按房屋所在区域的商品房价格水平征税。

对一线城市，无法提供本市有效暂住证和连续5年（含）以上在本市缴纳社会保险或个人所得税缴纳证明的非本市户籍居民家庭，从第一套商品房起征，如有相关纳税证明的，可从第二套起征。

（三）计税标准

房地产调节税每年从价征收。建议成立专门的评估机构，建立地价公示制度，按照地价评估值进行修正后，作为确定应税房地产征税标准，并定期重估。

应税房价＝公示地价×地价修正系数＋房屋重置成本－折旧

政府定期公布基准地价、标定地价等公示地价，以及各类房屋的重置成本标准、详细的价格修正系数，委托市场中介估价机构批量评估。

（四）税率

按照房地产价值和家庭所占套数，设定差别化税率。参照国际经验和重庆与上海的经验，设定3%~5%的房地产调节税税率，定期调整，一般应高于当地住房出租的投资回报率（租金房价比）。

（五）税收征管

为保证应征尽征，并且不受住房信息数据库全国联网、不动产统一登记等工作进度的影响，房地产调节税采用"主动缴税、见房就收、符合条件再免"的征收方式。统一时点，税务部门发布通告，要求全市所有住房的产权人限期主动办理缴税（或免税）手续。对申报符合免税条件的住房，给予免税；缴税及时可给予一定折扣的税收优惠；有异议者，可在一定期限内提出复核；欠税和偷逃税者予以罚款和限制房地产交易。房地产调节税税收征管流程如图15-1所示。

"主动纳税、见房就收"，即所有住房，均需按照当年、当地的实际价格，缴纳一定税率的房地产调节税。税务部门在每年的4月1日发布通告，要求全市所有住房的产权人限期（10月1日前）主动办理缴税（或免税）手续。纳税人应主动如实提供和申报家庭成员情况及所在市拥有住房信息情况（可在住房信息部门查询），对所提供的信息资料承担法律责任。不管有一套或十套房，只要是房产，请先申报交税（或免税）。

"符合条件再免"，即凭户口本和身份证一律享受家庭合计不超过两套住房的免税优惠。如果家庭只有一人，仅可享受一套免税优惠；非本地户籍者，持本地5年纳税证明和身份证，享受一套免税优惠，不能提供相关纳税证明者，从第一套房起征。地方税务机关根据需

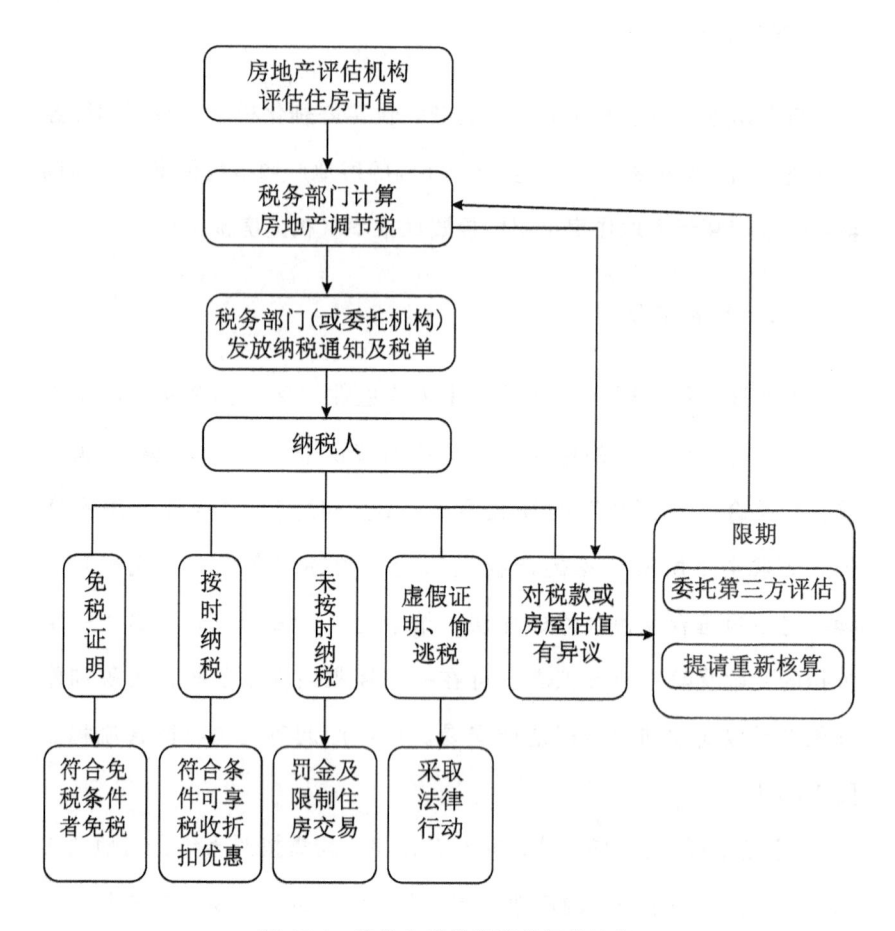

图 15-1 房地产调节税税收征管流程

要，会同有关部门对纳税人要求免税的住房是否应缴纳房地产调节税予以审核认定，并将认定结果书面告知纳税人。

不按期申报、不按期主动缴税的，按欠税、漏税、偷税处理，处以高额罚金；未完税、未补缴罚金和未处置的住房不能上市交易。住房信息联网后，如发现纳税人不进行纳税申报，不缴或者少缴应纳税款的，由税务机关从滞纳税款之日起，追缴其未缴或者少缴的税款、滞纳金，并处相应罚款。在限定期限内，仍未缴纳欠款的，对纳税人转让应税住房不能提供完税凭证的，不予办理产权过户等相关手续，并可通知开户银行直接从存款中扣除,纳入个人诚信系统。必要时,可以采取相应的法律行动。

建立税基评估结果的争议申诉机制,并设立专门的监督和仲裁机构,重视保障纳税人的知情权和申诉权。在行政性及其他措施无法奏效的情况下,引入司法机制来解决最后的争议。

房地产调节税由应税住房所在地的地方税务机关负责征收。自开征房地产调节税之日起,按年计征,不足一年的免征。

(六) 收入用途

房地产调节税的收入,专项用于补贴首次置业家庭第一套房屋购买。以第三套房的税收资金作为购房补贴充分显示政府税收和房价调控特殊时期税金使用的正当性,对首次置业家庭的补贴相当于对特殊的刚需人群实行"房屋降价",既资助刚需购房人群,又不损害已有房屋产权人的资产价值,还达到增加房屋购买力、稳定房地产业的目的。

二、开征房地产调节税的同时,二手房交易环节实行"三免两减"政策说明

为促进存量房屋逐步释放,增加住房市场房屋供给,实施房地产调节税的同时,未来5年内,对存量二手房(不含新增商品房、安居房)交易实行"三免两减",即未来3年内,所有存量二手房交易,免征个人所得税、营业税、城建税和教育附加费、印花税、契税等流转环节的税收。之后两年减半征收以上税费,满5年后恢复到现行水平。

(一)我国现行房地产税交易环节税收约占房地产税收总额的 52%

2012年我国房地产保有环节税收(房产税和城镇土地使用税)占房地产税收比例为 10.26%,交易环节税收约占房地产税收比例为 52.45%,建设环节占 37.29%,见表 15-1。

表 15-1 房地产各环节税种设置及 2012 年收入情况   亿元

序号	建设环节 税种	收入	交易环节 税种	收入	保有环节 税种	收入	收入合计
1	耕地占用税	1 620.71	营业税	4 050.79	房产税	1 372.49	
2	契税	1 436.96	城建税和教育费附加	365.38	城镇土地使用税	770.86	
3	城镇土地使用税	770.86	土地增值税	2 718.84			
4	营业税	2 593.89	企业所得税	2 277.73			20 890.82
5	城建税和教育费附加	233.97	个人所得税	106.9			
6	企业所得税	1 134.48	契税	1 436.96			
小计		7 790.87		10 956.6		2 143.35	
占比		37.29%		52.45%		10.26%	100%

注:除营业税、企业所得税和个人所得税采用税务总局统计的分行业收入数以外,其他均为财政收入决算数。

(二)"三免两减"导致存量二手房交易未来 5 年税费减免约 1.2 万亿元

二手房交易环节税费情况见表 15-2。

第十五章　完善我国房地产市场金融政策

表 15-2　二手房交易环节税费情况

纳税人	税　目	计税标准及税率	2012年税额（亿元）
卖方（个人）	土地增值税	免征	
	印花税	免征	
	*营业税	个人住房超过5年的免税，营业额5%；归地方政府	2 025.4
	*城市维护建设税和教育费附加	个人住房超过5年的免税，营业税的1%～5%和3%；归地方政府	182.7
	个人所得税	5年以上唯一住房免征，转让所得的20%；中央与地方政府按60%与40%的比例分享	106.9
	小　计		2 315.0
买方	*契税	家庭首次购买唯一住房90 m² 以下1%；90～140 m² 1.5%；140 m² 以上3%。购买非家庭唯一住房3%；归地方政府	718.5
	印花税	土地转让合同金额的5‰，对个人购买住房免税；归地方政府	
	小　计		718.5
总　计			3 033.5

﹡注：按照2012年新房和二手房交易1∶1的比例，交易环节税费中涉及二手房的税费均按全国水平减半计算。

未来5年内，对存量二手房（不含新增商品房、优价房）实行"三免两减"，即未来3年内免征二手房交易环节的个人所得税、营业税、城建税和教育附加费、印花税、契税等流转环节的税收。

2012年涉及二手房交易的税收收入总额约为3 033.5亿元，按照"三免两减"政策，考虑到由于征收房地产调节税，5年内会有大量二手房进入市场，按照2012年的水平，5年内免税额将达1.2万亿元，平均每年减免税额约为当年土地出让金总额的10%。

三、修改完善土地增值税

严格征收土地增值税,挤出土地存量。完善土地增值税征收方式,进一步提高在建房地产项目按销售收入的预征比率,待项目结束时房企自查自补,税务部门严格稽核清算。对国土部门认定的闲置土地,严格增值税征管。按照《中华人民共和国土地增值税暂行条例》有关评估的规定,政府委托市场中介估价机构客观评估确定土地增值额,并按四级累进税率征收土地增值税,或参照政府定期公布的年度地价指数,核算土地增值额。利用经济手段促进批后未开发和空闲土地的利用,减少土地闲置造成的使已供土地能够尽快地转为房屋的有效供应,均衡市场供求,并防范因土地闲置造成的囤积牟利、获得增值。

修订《闲置土地处置办法》。闲置土地的土地增值税在闲置土地认定时首次征收,并且自闲置土地认定之日起每年征收一次,同时,取消土地闲置费。

第一,当采用地价指数时:

$$\text{首次征税的土地增值额} = \frac{\text{建设用地使用权人取得该宗土地时的建设用地使用权价格} \times (\text{闲置土地认定当年的地价指数} - \text{建设用地使用权人取得该宗土地当年的地价指数})}{\text{建设用地使用权人取得该宗土地当年的地价指数}}$$

$$\text{每年征税的土地增值额} = \frac{(\text{当年的地价指数} - \text{上一年度的地价指数}) \times \text{上一年度的建设用地使用权价格}}{\text{上一年度的地价指数}}$$

第二,当委托中介机构客观评估时:

首次征税的土地增值额=闲置土地认定时的建设用地使用权价格－建设用地使用权人取得该宗土地时的建设用地使用权价格

每年征税的土地增值额＝当年的建设用地使用权价格－上一年度的建设用地使用权价格

修订《中华人民共和国城镇土地使用税暂行条例》。为加快商品房项目开发建设，防范出现闲置土地，下一步取消土地增值税时，修订《中华人民共和国城镇土地使用税暂行条例》。在商品房土地出让公告和出让合同中明确开竣工时间，工期一般不超过2年，竣工日期距离竞得土地日期一般不超过3年。逾期未竣工或未申请竣工验收的，自应竣工未竣工之日起，按地价款的5%以复利方式每年征收土地使用税。欠缴土地使用税达到一定比例后，逐步采取冻结土地使用权益、收回土地使用权等措施；对已供超期未竣工的土地，按上述时限重新约定竣工日期后，逐步纳入统一管理。

四、适时开征不动产税

（一）征收不动产税的目的

第一，为地方政府提供稳定的财政收入。不动产税将成为地方政府稳定的财政收入，促进地方政府更好地为当地群众提供公共服务。

第二，调节住房和收入分配。不动产税以不动产市场价值为计税依据，拥有较高不动产价值的人多纳税，拥有较少资源者少纳税或者免税，完善了税收调节住房和社会财富的功能，有利于促进和谐社会建设。

第三，促进土地节约集约使用。不动产税实行累进税率，对占有数量大、价值高的不动产持有者征收较高的税，可以减少土地和房屋的闲置和浪费，提高土地资源节约集约利用水平。

第四，引导居民合理住房消费。对占有多套住宅、豪宅者征收更高的不动产税,从而增加此类住宅的持有成本,可以引导居民适度合理消费。

（二）征税对象

对房屋和土地设立不动产税。国有土地使用权首次到期后,需要续期使用土地的所有土地使用者。

（三）计税标准

计税依据为参照应税住房的房地产市场价格确定的评估值,评估值按规定定期进行重估。

（四）税率

根据地方政府预算,每年适度调整。

（五）税收征管

不动产税由住房所在地的地方税务机关负责征收。税务局发布纳税通知并邮寄税单。纳税人通过多种方式缴纳税款,如有异议可申请复核,及时纳税给予税收折扣优惠；未及时纳税或偷逃税者予以罚款和追究法律责任。

第二节 金融配套支持政策

房地产兼具投资和消费属性,投资属性的实现主要依赖其资产、金融属性。房地产金融对房地产行业的发展起到加速器的作用,对房

第十五章 完善我国房地产市场金融政策

地产市场的平稳健康发展具有重要意义。本节通过对美国、德国、新加坡、日本，以及中国台湾、香港地区的房地产金融制度的研究和借鉴，结合我国宏观经济金融发展水平和房地产金融的发展趋势，在"低端有保障、中端有支持、高端有市场"的住房供应思路下，探索建立适应新型住房体系的房地产金融配套措施，坚持金融资本的市场化配置，促进政府调控措施通过市场机制充分显化，确保政策公平。总的来说，深化房地产金融体制改革，健全促进宏观经济稳定、支持房地产行业结构调整、推动房地产行业发展的现代金融体系，要完善金融监管，加强房地产市场风险管控，建立完备的风险防范机制；要推进金融产品创新，完善房地产金融投融资结构，拓展投融资渠道，健全房地产投融资市场，促进房地产行业和金融的有机结合；要大力发挥金融资本对保障性住房建设的支持力度，继续执行差别化利率，完善宏观信贷指导政策和公积金管理制度，充分支持刚性需求，以金融调控手段促使住房回归到居住属性，实现房地产行业的平稳健康发展。

一、加强房地产金融制度顶层设计，完善房地产金融市场良性运行的机制保障

（一）完善相关的配套政策、法律、法规体系

目前，我国房地产金融市场的政策、法律、法规体系建设相对滞后，专门的房地产交易法或住房法尚未出台，《物权法》《中华人民共和国担保法》等有关法律虽已出台却缺乏实际的可操作性，严重影响了我国发展房地产金融市场的进程。建立支持新型住房体系的房地产金融制度保障机制，须完善相关立法，明确相关操作程

序，规范各类相关机构的行为，保障住房金融政策的贯彻落实和房地产金融的健康发展。

首先，完善住房法律体系，制定专门的住房法，确定专门性的房地产金融管理机构，以法律的形式确认商品房、安居房和保障房三位一体的住房供应体系，并确认管理机构的职责、宗旨。其次，对现行的《中华人民共和国商业银行法》《中华人民共和国证券法》《中华人民共和国证券投资基金法》《中华人民共和国信托法》《中华人民共和国破产法》和《中华人民共和国保险法》进行完善和补充，对房地产资产证券化的市场进入、募集交易条件、经营范围、退出程序和风险防控等方面进行法律规定，保证房地产金融市场资产证券化业务发展起始阶段的规范化、法制化，促进资产证券化的发展。同时出台配套实施办法，明确各自领域内对商品房、安居房和保障房开发、建设、销售的全过程金融介入操作流程，重点研究安居房开发主体市场准入、开发资金来源、利率限定、资本市场融资、销售分红、资产证券化等规定。再次，考虑到公积金缴存的强制性，需要成立全国统一的管理平台，建立类似于新加坡《中央公积金法》的专门法律，规定公积金的缴存标准、使用范围、覆盖群体、贷款条件以及其他保障功能等。

（二）促进房地产金融二级市场发展

一是优先发展住房抵押贷款证券化。依托现有的信贷资产证券化试点制度框架，支持商业银行通过发行组合贷款支持证券的市场化方式筹集低成本的长期资金，进一步降低中等收入家庭购房负担。通过证券化将房地产金融的信用市场化，加速了间接融资向直接融资的转化，使得房地产金融的资金来源更加多元化和社会化，不仅扩大房地产开发资金的来源，而且分散了投资资金的风险，提

第十五章 完善我国房地产市场金融政策

高金融资本效用。

二是明确机构分工，提高运营效率。在二级市场建设的具体操作上，由政府成立专业国有金融机构（如国有住房银行）或选择现有的国有金融机构（如政策性银行）、商业性金融机构从事住房抵押贷款证券化业务。国有金融机构从事行业操作细则的标准化制定和为中低收入群体购房提供支持的政策制定，商业性金融机构则负责对自己机构内已成规模的住房抵押贷款资产进行证券化。从事住房抵押贷款证券化的商业性金融机构可以存在多家，但必须存在至少一家政府背景的金融机构，带动住房抵押贷款二级市场的建立，并重点面向中低收入居民的普通住房贷款实施证券化和提供担保。

新型房地产金融市场体系构建情况如图 15-2 所示。

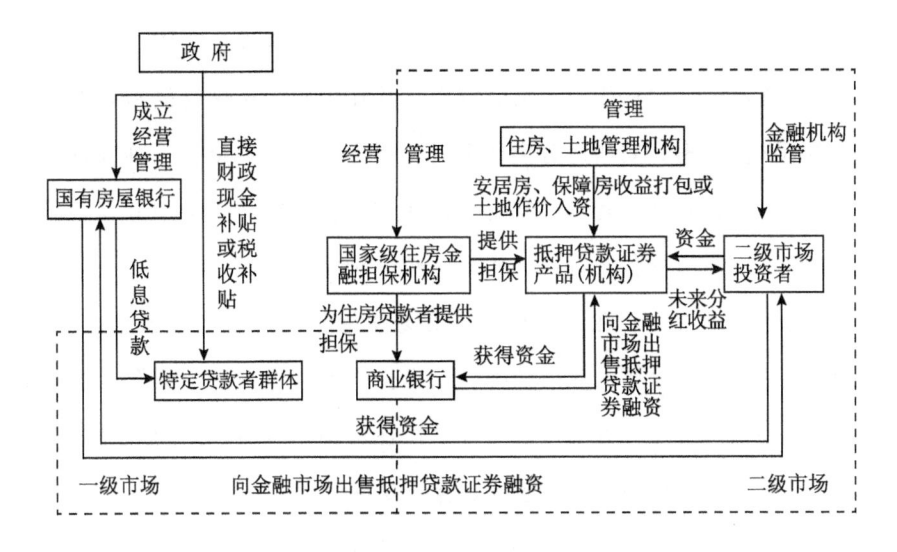

图 15-2 新型房地产金融市场体系构建情况

（三）建立完善的信用担保体系

第一，建立统一的信用评价体系和信用档案，加大失信惩戒力度。目前，各商业银行和个人资信评级机构的评估标准各不相同，评估结果存在差异甚至结果相反，难以客观反映个人信用的真实情况，且信息不能共享，无法在银行业之间形成有效的信用风险防范依据，同时不利于其他政府部门的行政监督，要建立全国统一的企业和个人信用评价体系和征信系统，规范发展我国的资产评估业和资信评级业，着重培育在国内具有权威性的、在国际具有一定影响力的资信评级机构。以个人征信系统、住房申请系统和房地产企业监测系统为依托，建立信用档案，对失信行为加大处罚力度，使失信成本超过预期收益。失信记录记入档案，对于失信企业取消市场准入资格等；对于失信个人，入个人档案，限制个人申请安居房的资格，限制个人购买商品房的按揭贷款申请。

第二，成立全国性的抵押担保机构。"一行三会"要研究成立全国性的抵押担保机构，填补商业保险公司保险、开发商担保、担保公司担保在政策性住房担保领域的空白，并在中国人民银行的指导下制定详细的商品房、安居房分类住房贷款标准，对抵押贷款工具和贷款审批程序进行标准化管理，规定可担保的贷款额度，支持中低收入居民住房，同时引导各银行统一执行，减少贷款审批成本，建立全国统一的抵押贷款市场。在证券化市场交易初级阶段，可采用表外运作，为中低收入购房群体的住房抵押贷款提供担保；在二级市场发展成熟时，抵押担保机构一方面可以为政策性住房预期收益，如安居房未来转让分红收益、保障房租金收益、保障房转化销售收益等证券化产品提供担保。抵押担保机构可自持资产证券化产品，促进专业化运作，降低信用成本。

（四）建立完善的中介服务体系

我国房地产金融市场的发展，依赖于完善、高效的房地产金融市场中介服务体系。中介服务机构种类众多，包括投资银行、律师事务所、会计事务所、资产评估机构和资信评级机构等。要根据市场规则，通过税收优惠等政策支持，建立完善涉及资产评估、信用评估、风险评估、金融担保、法律咨询等专业化中介服务机构的中介服务体系。要完善立法，明确各类中介机构在新住房法律中的职责和权限，明确各专业化服务机构性质和隶属关系，完善其市场化运行和管理体制。充分发挥行业协会作用，加强行业协同能力，提高行业发展水平。

二、加强风险管控，防范金融风险

（一）建立风险评估机制，完善监测监管制度

第一，要量化研究各类房地产金融风险。进一步推广行业内统一的压力测试方法，房地产贷款压力测试制度化、常态化，加强对房地产开发企业和住房贷款人的风险管控。

第二，建立金融行业内部共享的账户信息系统。摸清个人住房贷款和房地产开发贷款存量，严格控制新增量，对新增贷款需求严格审核，提高房地产行业贷款风险防范的针对性和有效性。建立起开发前贷款评估、开发过程跟踪监督、开发后监管的风险防范机制，加强风险管控，进一步提升银行业稳健性水平。

（二）加强地方融资平台监管，探索市政债发展模式

建立统一的区域性房地产市场、土地储备贷款及信贷风险的监测和预警机制，将土地储备机构贷款纳入地方政府性债务统一管理，评估政府信用，调整土地平台授信额度，严控土地抵押率。支持符合规定的地方政府融资平台公司、开发企业发行企业债券、资

产支持票据等，所筹资金专项用于建设安居房和保障房。运营机构对保障房的挂账款作价出资参股保障房项目。对不同开发主体的保障房项目，分别作价出资入股；对同一开发主体的不同保障房项目，归并整合全部挂账款整体作价出资入股。根据项目开、竣工时间整合同类项目，运营机构对安居房项目的欠缴地价挂账款整合，发行企业债券或担保信托债券，以预期安居房转让分红收益为抵押担保进行融资。

第一，扩大地方政府自行发债试点范围，鼓励发行政策性住房收益的市政债。除了上海市、浙江省、广东省、深圳市外，扩大地方政府自行发债试点范围。在发债对象上，逐步开展以新型住房体系为依托的中长期债券发行。在评估土地使用权出让、财政税收、安居房转让分红、保障房租金及转让等方面预期收益的基础上，分析地方政府还款能力，评定市政债的信用等级等。

第二，建立法律保障下统一的地方政府债务风险管理制度。在《2012年地方政府自行发债试点办法》的基础上，给予地方政府一定的自主权，逐步提高地方政府"自主"发债的积极性。允许发行市政债的地方，必须建立起对发债和偿债能力的自我评估和约束机制。所有市政债的发行计划，都必须通过地方人大的预算批准，建立有银行、证券、法律、税务、财政、规划、建设等多领域专家组成的市政债风险评估小组，严格审核。设定政府性债务风险控制指标和标准，并对地方政府债务进行监控和风险防范。在提高精细化水平，针对不同的资产证券化产品做好风险评估、定价和管理工作之外，还要建立有效地市政债流通机制，借助现有的债券交易平台，开辟市政债交易专属模块，转变业务模式和增长方式，提高市场竞争力。

（三）整合外汇监管，加强外汇管理

第一，整合外汇监管职能，加强对外汇资金的监管。外汇管理局对外资的流动和汇兑与地方政府对外资的使用和审批严格把关，强化对外资房地产企业开发经营活动的管理，限制外资购买境内商品住房、安居房。对于境外汇入购房款、境内外资账户汇入购房款，须符合《国家外汇管理局、建设部关于规范房地产市场外汇管理有关问题的通知》（汇发〔2006〕47号）的相关规定。加强对境外机构和个人进入境内房地产市场的管理。加大对境外机构和个人进入境内房地产市场的监控力度，进一步加强对跨境外汇资金流动的管理，完善境内外资开发、购房的统计、登记制度。加大对房地产项下违法违禁流出、流入的查处力度，抑制投机行为。

第二，合理控制外资流入规模。房地产投资信托基金在产生和发展前期，通过市场准入条件，限制外资流入规模；房地产投资信托基金在发展后期和成熟期，开拓国际投资板块，尤其是支持国际资本、支持国内保障房和安居房的建设项目，根据发展阶段逐步放开国外资金支持房地产业健康发展。

（四）加强商品房预售制度管理，逐步取消商品房预售

央行发布的《2004年中国房地产金融报告》曾明确建议：很多市场风险和交易问题都源于商品房预售制度，目前经营良好的房地产开发商已经积累了一定的经验，可以考虑取消现行的房屋预售制度，改期房销售为现房销售。目前，我国商品房预售制度实行严格的监管措施，主要在于引入预售款的专门账户监管，并按照建设进度核拨资金，在每个环节明确设定支付比例。新型住房体系要充分发挥预售制度的监管调节作用，商品房项目按照现行预售制度执行外，提高商品房预售门槛，提高开发建设资金的预售条件，限制开发商对预售资金的获取，逐步探索商品房预售的退出机制。安居房项目必须现房销售，不得预售，放贷银行负有监管责任。

三、完善房地产投融资制度，拓宽房地产投资渠道

第一，建立多层次的房地产融资渠道。综合发展以银行开发贷款、住房按揭为主的一级市场融资和以私募、公募、信托、股权融资、发行企业债券等多种融资方式并存的二级市场融资，建立多层次融资体系。根据房地产企业特征，监管部门给予融资方式选择指导，资本金充足的开发商可以通过股权融资或发行债券融资，资本金较低的开发商可以寻找战略合作伙伴合资合作，或者引入私募基金等战略投资者，有条件的可以上市融资；对于有保障房项目开发意向的政府机构和企事业单位、集体经济组织、公益性基金或住房合作社等组织，融资途径可以以银行贷款为主，鼓励企业资金参与项目建设，并根据投资比例参与项目运营分红。引导理性融资行为，尤其是在按揭贷款证券化的过程中，充分汲取西方教训，防止发生金融风险。

第二，创新金融产品，加大安居房、保障房项目建设资金支持力度。推广实施房地产投资基金和房地产投资信托基金等融资工具吸收民间资本参与房地产开发建设。可联合出资成立私募股权基金，由专业公司管理，托管于银行，并在行业许可的范围内进行投资经营，形成房地产开发资金的良性循环。特别是房地产投资信托基金，可以通过联合商业银行、投资机构、房地产开发企业及其他社会资本成立基金，投向经过规划设计、具有明确准入对象、投资收益模式清晰、退出机制完善的房地产项目，尤其是加大对保障房项目的支持力度。拓展其他融资渠道，在商业金融机构内出台相关的政策鼓励措施，开拓例如保理、金融租赁、BOT投资等模式，为新型住房供应体系构建提供有力支撑。支持安居房建设，将其与政府分红增值收益打包债券化，投入固定收益市场融资，支持保障安居房的建设资金。

新型住房供应体系的金融机制运行框架如图 15-3 所示。

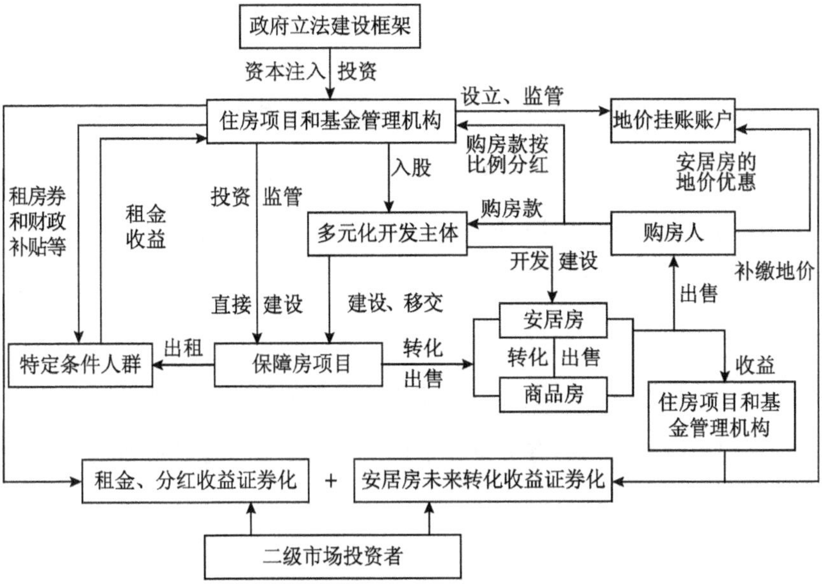

图 15-3 新型住房供应体系的金融机制运行框架

四、优化金融资源配置，保障新型住房体系构建的金融需求

（一）激活货币金融存量，调整房地产产业结构，支持安居房和保障房建设

第一，加强住房开发贷款管理。商业银行发放贷款，商品房、安居房项目开发主体自有资金不低于开发项目总投资的30%，保障房项目开发主体自有资金不低于开发项目总投资的20%。申请住房开发贷款的对象是房地产开发企业的，企业须为信用等级较高、资产负债率较低、以往项目开发符合进度规定的主体。商业银行根据申请贷款的开发项目确定贷款额度、利率执行标准等，根据市场需要和主体资格

认定，每年对"招""拍""挂"竞得安居房地块的集资合作建房、住房合作社等多元化主体给予信贷支持，鼓励住房开发主体多元化。

第二，建立地价缓交款联合监管机制，鼓励优先销售安居房。商业银行建立与贷款安居房项目相对应的售房款银行专户，由政府部门和银行联合监管，房企拿地时缓交的地价款，由企业持安居房购房合同，逐笔或累积一次性冲销。项目缓交地价未全部冲销完毕前，售房款不能挪用。如因申请安居房的购房者数量较少，项目销售完时地价缓交额未冲销完的，地价款余额从售房款专户中扣除，并从拿地之日起按贷款利息率计息。项目未结算之前，售房款也不能挪用。以上要求须在银行贷款合同的有关条款中提前说明，以鼓励房企优先销售或促销安居房。

（二）执行差别化信贷政策

第一，开发贷款利率执行标准的确定。商品房项目和安居房项目开发贷款利率按中国人民银行利率政策执行。原则上商品房项目贷款利率较基准利率不得下浮；安居房项目开发贷款利率较基准利率可适当下浮，但下浮比例不得超过10%；保障房住房项目要符合国家关于最低资本金比例的政策规定，贷款利率按中国人民银行利率政策执行，明确贷款期限不超过15年，支持建设所需资金。

第二，扩大个人住房贷款受益群体，提高安居房贷款比例。商业银行扩大个人住房贷款的覆盖面，提高"夹心层"购买安居房的贷款比例。提升住房公积金个人住房贷款服务能力，发挥住房公积金对中等收入家庭购房的支持，简化办理手续，落实住房公积金支付房租的政策措施，鼓励发放组合式贷款。借款人申请个人住房贷款购买商品房期房的，待确定所购期房必须是多层住宅主体结构封顶、高层住宅完成总投资的2/3后，方能发放贷款。安居房项目不得预售，不支持安居房项目期房的贷款需求。优先支持借款人购买首套中小户型安居房现房的贷款需求，且只能对购买主体结构已封顶住房的个人发放贷款。申请安居房购房贷款的，借贷人须持有住建部门出具的购房资格证明。

第三，按揭贷款利率执行标准根据购买套数和房屋类型共同确定。以借贷人家庭（包括借贷人、配偶及未成年子女）为单位认定房贷次数，对于三次及以上次数的贷款执行阶梯累进式基准利率上浮比例。对借款人申请个人住房贷款购买首套商品住房（高档商品房、别墅除外）、首套安居房项目住房的，商业银行按照央行公布的个人住房贷款利率（不得浮动）执行，贷款首付款比例不得低于20%；购买高档商品房、别墅、商业用房，购买第二套以上（含第二套）商品住房及第三套以上（含第三套）优价住房的，严格执行首付款比例不低于60%、贷款利率不低于基准利率1.1倍的规定。控制发放居民家庭购买第三套及以上住房贷款；名下有过贷款记录、还清后再次抵押房产时，降低贷款比例，提高贷款利率。对于已利用银行贷款购买首套自住安居房的家庭，如人均住房面积低于当地平均水平，再次申请够购买安居房贷款的，可比照首套自住房贷款政策执行，但借款人应当提供当地住房管理部门依据房屋登记信息系统出具的家庭住房总面积查询结果。当地人均住房平均水平以统计部门公布上年度数据为准。其他情况均按第二套房贷执行。

五、完善发展公积金制度

（一）完善法规配套政策，找准功能定位

住房公积金属于完全积累的强制储蓄计划，需要专门的法律对其各个方面进行规定。需要深入研究住房公积金管理制度，尽快制定

《住房公积金法》，加强政策的法律效力，明确住房公积金的法律地位。出台全国性住房公积金贷款风险管理操作办法，明确缴存、提取、使用、管理机构、监督等程序，统一进行贷前调查、贷中审查、贷后监管，规范贷款审批和管理程序；研究住房公积金的功能定位，将重心转向中低收入家庭住房问题，理顺住房公积金和商业银行之间的关系，互为补充。

（二）扩大保障范围，打破地域限制，逐步实现异地购房贷款申请

充分发挥住房公积金低存低贷的政策优势，发挥互助性和保障性作用，扩大公积金贷款的受惠面。贷款的发放应尽量向中低收入职工倾斜。以新型城镇化建设中户籍制度改革为契机，扩大住房公积金的"缴存—收益"群体。尽量涵盖进城务工人员、民营企业合同工、下岗职工、中小企业工作人员等中低收入群体，进一步扩大公积金制度保障的覆盖面，将更多的非公有制企业或社会团体组织纳为缴存单位，使更多人享受公积金制度便利。为适应人口流动性提高和新型城镇化建设进程加快的时代特点，公积金制度需要适度打破属地化管理瓶颈，逐步实现异地流传、接续，允许符合条件的人群在异地申购安居房、商品房中申请公积金贷款。

（三）提高保障能力，改变逆向补贴的不合理现象

完善内部治理结构，加强公积金风险管理，引入专业人员，实现住房公积金的专业化管理。充分发挥公积金对中低收入群体的购房保障功能，对低收入群体购买低价位、小套型住房优先提供公积金贷款，并提供优惠低息；对购买中高价位、中大套型商品房公积金贷款要求高利率，必要时限制贷款。探索公积金存贷率与商业存贷利率变化的挂钩机制，形成参照市场利率的住房公积金基准利率，对缴存额

度较高、贷款次数较多、具备一定住房消费承受能力的高收入群体，按照市场利率参照水平发放住房公积金贷款或组合贷款，解决低收入者补贴高收入者的不合理现象。

（四）提高使用效率，增强住房公积金制度的社会保障作用

扩大公积金使用范围，允许用于支付租金、装修、物业费、取暖费等与住房相关的各项支出，对于特殊家庭，还可以用于教育、医疗等应急性支出。此外，要逐步建立住房公积金与资本市场的融通机制，提高公积金的效用，促其保值增值，更好地发挥住房公积金的社会保障作用。可以采取住房公积金贷款证券化，或者发行政策性抵押债券，可以打破地域限制，直接在资本市场融通住房资金，各类机构广泛参与住房市场活动，有效分析金融风险，解决政策性住房资金短缺问题。住房公积金的运作收益，除了发放住房贷款贴息外，还可以支持城市保障房建设、补贴发房租金。

六、保障房上市转让和安居房转让收益优先偿贷

保障房项目若改变租赁关系上市交易，所获得的资金收益应首先用于归还保障房开发贷款。安居房转让获得收益，补缴土地缓缴出让金和支付政府所占比例分红收益后，优先偿还个人购房贷款。

参考文献

[1] 钟文树. 谈珍惜耕地 [J]. 探索, 1985 (6): 77—78.

[2] 徐国弟. 关于建设用地计划的几个问题 [J]. 计划经济研究, 1988 (6): 41—45.

[3] 陈玮. 辽宁省城镇化用地的发展与控制研究 [J]. 城市问题, 1989 (6): 22—30.

[4] 郑锋. 海南省2000年土地需求结构预测及土地宏观开发战略研究 [J]. 自然资源, 1994 (1): 20—28.

[5] 邱道持. 重庆市建设用地预测模型探讨 [J]. 经济地理, 1996 (3): 10—15.

[6] 刘德秋, 邵建峰, 田传浩. 城市经营性建设用地需求预测方法与供应计划的制定——以浙江省绍兴市为例 [J]. 杭州师范学院学报, 2001 (5): 44—48.

[7] 陈国建, 刁承泰, 黄明星, 等. 重庆市区城市建设用地预测研究 [J]. 长江流域资源与环境, 2002 (5): 403—408.

[8] 袁健. 建设用地需求预测与供地政策研究——以四川省宜宾市中心城区为例 [J]. 中国土地, 2004 (1): 71—73.

[9] 廖和平. 小城镇建设用地指标配置模式——以重庆市为例 [J]. 中国土地科学, 2004 (1): 41—48.

[10] 刘懿光. 土地利用规划需求量预测模型研究 [D]. 武汉: 华中农业大学, 2005.

[11] 薛丽. 城乡建设用地结构布局分析及规划配置系统设计研究——以运

城市建设用地为例 [D]. 西安：长安大学，2007.

[12] 王建国. 城镇化进程中建设用地需求合理预测方法研究 [D]. 石家庄：河北农业大学，2007.

[13] 左金睿. 哈尔滨市建设用地需求量预测与潜力分析 [D]. 哈尔滨：东北农业大学，2009.

[14] 党小刚. 西安住宅用地供应量、供应结构分析及预测研究 [D]. 西安：西安建筑科技大学，2010.

[15] 朱希刚. 土地利用总体规划中建设用地需求量预测模型研究——以克拉玛依市为例 [D]. 乌鲁木齐：新疆大学，2010.

[16] 孙秀锋，刁承泰，何丹. 我国城市人口、建设用地规模预测 [J]. 现代城市研究，2005（10）：48—51.

[17] 潘网生. 基于灰色—马尔可夫模型的西安市主要城市建设用地需求量预测 [D]. 西安：长安大学，2008.

[18] 孙善龙. 邹城市城乡建设用地需求量预测及结构调控研究 [D]. 泰安：山东农业大学，2009.

[19] 赵丽，赵乔贲. 建设用地需求量预测方法比较研究Ⅲ [J]. 地矿测绘，2009（1）：3—7.

[20] 肖展春. 面向土地利用规划的建设用地规模预测和布局研究——以海南省昌江黎族自治县为例 [J]. 科技创业月刊，2009（10）：38—40.

[21] 王振毅，陈进发，徐剑波. 基于土地规划分类和节约集约的建设用地需求量分类预测 [J]. 安徽农业科学，2010（19）：176—178.

[22] 丁立水，姬随增，陈亚恒，等. 建设用地供需预测方法研究——以河北卢龙县为例册 [J]. 河北农业大学学报，2010（1）：133—137.

[23] 董廷旭. 土地利用总体规划和非农建设用地需求的综合协调与衔接 [J]. 绵阳师范高等专科学校学报，1999（2）：76—78.

[24] 殷少美，周寅康，濮励杰，等. 马尔科夫链在预测土地利用结构中的应用——以湖南娄底万宝镇为例 [J]. 经济地理，2006（26）：120—130.

[25] 邱道持，刘力，粟辉，等. 城镇建设用地预测方法新探——以重庆市

渝江区为例 [J]. 西南师范大学学报（自然科学版），2004（29）：146—150.

[26] 涂建军，廖和平，刘力. 城镇建设用地双因素预测模型的改进——兼论城镇人口的预测方法 [J]. 西南师范大学学报，2005（2）：354—357.

[27] 王增彬，迟恒智. 基于 BP 神经网络的济南市建设用地规模预测 [J]. 水土保持研究，2007（5）：222—224.

[28] 喻永平. DFNN 及在城市建设用地面积需求预测 [J]. 应用测绘信息与工程，2008（6）：30—32.

[29] 祝国瑞. 基于模糊神经网络的土地合理储备量预测研究 [J]. 武汉大学学报，2006（6）：561—563.

[30] 王枫. 城市建设用地需求量预测模型研究 [D]. 哈尔滨：哈尔滨工程大学，2007.

[31] 李建华，吴良才. 基于 MGM-Markov 的城镇建设用地预测模型的研究 [J]. 安徽农业科学，2009（29）：282—284.

[32] 吴金华，戴淼. 基于改进算法的灰色马尔科夫模型的建设用地预测 [J]. 安徽农业科学，2010（8）：67—68.

[33] 王建武，卢静，王忠. 土地集约利用评价难点及指标选择 [J]. 中国土地，2013（2）：30—31.

[34] 王建武. 发达国家城镇化建设用地及对我国的启示 [N]. 中国国土资源报，2013-05-13（5）.

[35] 王建武. 百万亿货币存量当前，土地市场如何应对 [N]. 中国国土资源报，2013-03-21（7）.

[36] 国土资源部. 全国土地利用总体规划纲要（2006—2020 年）[EB/OL]. 中华人民共和国国土资源部网站.（2008-10-24）[2016-02-15]. http://www.mlr.gov.cn/xwdt/jrxw/200810/t20081024_111040.htm.

[37] 国务院. 国家人口发展"十二五"规划 [EB/OL]. 中国网.（2012-04-10）[2016-04-12]. http://www.china.com.cn/policy/txt/2012-04/10/content_25105338_2.htm.

[38] 中国统计年鉴 [M]. 北京：中国统计出版社，1997—2012.

[39] 2001—2015 中国国土资源公报 [EB/OL]. 中华人民共和国国土资源部网站.(2003-10-02～2016-04-21) [2016-05-15]. http://www.mlr.gov.cn/sjpd/gtzygb/.

[40] 廖永林，雷爱先，唐健. 土地市场改革：回顾与展望 [J]. 中国土地，2008 (12)：14—17.

[41] 毕宝德. 中国地产市场研究 [M]. 北京：中国人民大学出版社，1994.

[42] 岳晓武. 我国土地市场建设回顾与展望 [J]. 国土资源科技管理，2004 (6)：49—54.

[43] 杨重光，吴次芳. 中国土地使用制度改革 10 年 [M]. 北京：中国大地出版社，1996.

[44] 黄小虎. 中国土地管理研究 [M]. 北京：当代中国出版社，2006.

[45] 李淑艳. 土地权益的实现要靠完善的法律保障 [J]. 吉林农业，2011 (12)：46—46.

[46] 郜永昌. 城市化进程中土地隐形市场法律规制研究 [J]. 求索，2007 (10)：107—109.